照片的权利

摄影作品侵权经典案例解析

张雪松　侯建江　编著

中国摄影出版社

编者的话

1837 年，法国人达盖尔成功地发明了银版照相法，自此，摄影便以其客观记录的真实性特质风靡社会。近 200 年来，随着人们摄影实践的不断丰富和发展，摄影已经从当初单纯的记录演变为现今最为普及的一种艺术创作手段，与此同时，对包括摄影作品在内的著作权的保护也成为一国法律体系中不可或缺的重要内容。版权保护，不仅仅是对摄影师个人权益的保障，更是人类文明程度的体现，是促进一个社会智力创新水平持续提升的不竭动力。

一部法律只有在全社会得到深入普及、法律意识真正深入人心，才能最终实现法律所追求的终极目标。为更好地向广大摄影人和摄影作品使用者宣传著作权法，在摄影产业界形成知法、懂法、守法的良好氛围，我们精选了 30 个典型摄影作品侵权案例汇编而成这一普法读物。书中的每一个案例都由专业人士甚至是审理过该案的法官按照案情回放、法院审理、法律法规、评述的顺序进行分类详解。

本书以较多的篇幅就"数码照片权属的确定"、"避风港原则"等涉及数字互联网技术的法律规定进行了阐述，对摄影领域的著作权集体管理模式及维权实践也做了一定的介绍和探讨，这都是当前摄影作品版权保护领域需要重点关注的内容。由于篇幅和时间所限，本书收录的案例并不能涵盖著作权法律制度的方方面面，从结构编排和法理解析上所存在的不足亦在所难免，期待专家和广大读者提出宝贵的批评和建议。

这是国内首次以图文并茂的方式通过摄影作品阐释著作权法的尝试，我们衷心希望以本书的出版为契机，再次吹响摄影著作权保护的冲锋号角，在全社会营造尊重作者、鼓励原创的良好氛围，为今后涌现出更多更好的摄影佳作，为共同推动文化建设奠定坚实的法律基础。

编 者
2013 年 1 月 8 日

目 录

第三章　摄影作品的侵权行为

目 录

附　录

第一章
摄影作品著作权的归属

【概述】

我国《著作权法》规定，创作作品的公民即作者。此外，法人或其他组织在一定条件下也可以被视为作者。通常来讲，作者即著作权人，但有些情况下，公民可以根据法律规定或者协议约定的方式继受取得著作权，比如"委托创作"、"职务作品"等，从而享有基于作品而产生的合法利益。

在实践中，确定作品的著作权归属是一切维权工作的前提。作品的创作可以存在多种形式，比如个人创作、合作、改编、汇编、职务创作、委托创作等，只有准确把握作品的创作过程，并结合其他合理因素，才能最终判定一幅摄影作品的著作权归属。

根据相关法律的规定，当事人提供的涉及著作权的底稿、原件、合法出版物、著作权登记证书、认证机构出具的证明、取得权利的合同等，可以作为证据；在作品或者制品上署名的自然人、法人或者其他组织视为著作权、与著作权有关权益的权利人，但有相反证明的除外。此外，我国《著作权法实施条例》第十三条规定，"作者身份不明的作品，由作品原件的所有人行使除署名权以外的著作权。作者身份确定后，由作者或者其继承人行使著作权。"

近年来，随着数字技术的普及，数码影像逐渐成为摄影艺术的一种重要表现形式，由于电子文件具有易复制性，这对如何依据原始底片确定著作权归属提出了新问题。

案例 1：
英国 A.B.C 特选食品有限公司诉张书乐侵权案

数码照片的光盘可以用来证明我是这些照片的作者吗？

【案例要旨】

在认定数码照片的著作权归属时，应当将当事人提供的数码文件和案件的其他因素结合起来进行综合考量。

案情回放

2009 年 3 月，英国 A.B.C 特选食品有限公司（以下简称"原告"）发现由张书乐（以下简称"被告"）创办的网址为 www.ocean-treasure.com 的网站使用了其享有著作权的 6 幅照片。该公司便以侵犯著作权并构成不正当竞争为由诉至法院，请求判令被告停止使用涉案照片，并在《中国水产报》上刊登更正声明、致歉并赔偿经济损失 30 万元。

涉案摄影作品原作 1-2

涉案摄影作品原作 3-6

法院审理

法院经审理查明，www.ocean-treasure.com 是本案被告于 2009 年 2 月创办的，该网站使用了涉案的摄影作品。另查明，被告曾经在原告公司北京代表处任职。

一审法院认为，现有证据不足以证明原告享有涉案照片的著作权，对其提出的诉讼主张不予支持。原告不服提起上诉。

二审法院认为，基于数码照片文件的性质和特点、被控侵权照片与被告主张权利照片的相似程度，以及被告不能证明涉案照片曾经被修改过和无法说明其使用照片的合法来源，加之被告曾经在原告公司北京代表处任职，可以认可原告对涉案照片享有著作权。据此，二审法院认定被告侵犯了原告对涉案照片享有的著作权。

法律法规

1.《中华人民共和国著作权法》第十一条：创作作品的公

民是作者。由法人或者其他组织主持，代表法人或者其他组织意志创作，并由法人或者其他组织承担责任的作品，法人或者其他组织视为作者。

2.《最高人民法院关于审理著作权民事纠纷案件适用法律若干问题的解释》第七条：当事人提供的涉及著作权的底稿原件、合法出版物、著作权登记证书、认证机构出具的证明、取得权利的合同等，可以作为享有著作权的初步证据。

评 述

这是一起涉及数码照片著作权归属认定的案件。

数码照片，系以数码相机拍摄的以数字形式存储的可视化图像，是随着数码摄影技术的发展而出现的。数码相机一般均有记忆卡，它是储存数码照片文件的原始载体。由于记忆卡可以反复使用，人们通常习惯将记忆卡存满资料时或随时将记忆卡保存的资料、数据直接以复制形式输出到其他载体上，重新使用记忆卡。数码照片的这一特点，明显区别于传统意义上的以化学胶片拍摄形成的底片或者以照片相纸拍摄获得的照片，权利人很难提供与记忆卡结合在一起的类似底片的原始载体。因此，在认定数码照片的著作权归属时，应当将当事人提供的数码照片文件和案件的其他因素综合起来进行认定。

如果当事人提供了存储数码照片的复制文件，不宜轻易地以数码照片具有易修改性为由而否认该证据的真实性。如果被控侵权的当事人提出了这种抗辩主张，则需要其就此提交相应的证据，不能因为数码照片本身所具有的易修改性而认为当事人提交的数码照片可能被修改过，并据此否定该证据的真实性。此外，在被控侵权的照片与主张权利的照片完全相同或没有实质性差异的情况下，还应当考虑被控侵权当事人是否能够提供被控侵权照片的来源，以及被控侵权的当事人是否有机会接触、获得主张权利的照片等因素。如果被控侵权当事人有接触、获得主张权利照片的机会，并且不能举证证明其所使用的被控侵权照片的合法来源或者其他来源，则可以从反面引证提交存储数码照片复制文件的当事人享有该数码照片的著作权。

随着数字技术的发展，摄影从胶片时代进入到了数码时代，摄影更加方便，成本更低，艺术效果更好，但同时数码摄影也给权利人维权带来了诸多不便。在胶片时代，胶片的复制较为复杂，因此持有照片底片的人往往是照片的著作权的拥有者。法院也以持有底片推定照片著作权的归属，除非有相反证据。在数码时代，由于数码照片不存在胶片，它仅仅是以编码的形式存储在数码相机的存储卡等存储设备中，具有易复制、易修改的特性。也正是因为数码照片的易复制性和存储设备存储量的有限性，人们不再将数码照片永久地保存在数码相机的存储卡中，而是在拍摄后及时地将数码相机中存储的照片复制到其他存储设备中，并在复制保存后将数码相机存储卡中的照片删除，以便继续使用存储卡。也就是说，人们往往不会保存数码照片的原始文件，而是保存复制文件。这样，就使得胶片时代的"底片推定"原则无用武之地了。但法律不会因为技术的进步而丧失其"维权止暴"的宗旨与作用，司法更会秉持"追求公平正义"的理念而寻求新的原则与方法。针对数码照片的上述特性，法院采取了综合认定的原则，从权利人和侵权人两方面入手，综合双方当事人提交的证据情况，尽最大可能地追求公平正义，让权利人的合法权益得到充分的保护，让侵权人的侵权行为受到有力的制裁。

案例 2：
张颀诉北京艾斯普森教育科技中心侵权案

如何通过数码照片的创作过程来证明著作权属于我？

【案例要旨】

　　对于数码摄影作品，法院通常是从日常生活经验法则和逻辑规则出发，根据当事人所提供的相关证据进行综合判断，从而对作品的著作权归属作出认定。在诉讼中，被告可提交充分的反证推翻原告的著作权主张。

案情回放

涉案网页摘选

　　2009 年 7 月，北京艾斯普森教育科技中心（以下简称"被告"）将张颀（以下简称"原告"）拍摄的 17 张泰国易三仓大学夜景照片放置于其网站。2010 年 1 月，原告向法院起诉，

涉案摄影作品

13

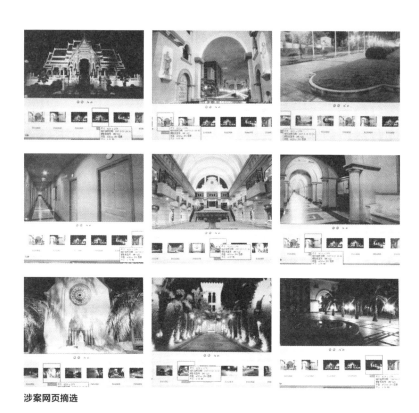

涉案网页摘选

要求判令被告停止侵权、赔礼道歉，并赔偿经济损失及其他合理开支共计 2.1 万余元。

法院审理

　　庭审中，原告向法院提交了其所使用的数码相机以及涉案摄影作品的电子文件，上述电子文件显示拍摄时间为 2007 年 8 月，电子文件的大小均在 4.5MB 以上，分辨率为 4224×2376。

　　法院经审理查明，被告系泰国易三仓大学在中国的留学代理中介服务机构。2007 年，原告经被告介绍到该校留学，于 2007 年和 2008 年参加了该校组织的摄影比赛并获奖。在庭审中，原告与被告提交的摄影作品电子文件的拍摄时间、相机型号相同。

法院认为，根据原告提供的大容量、高分辨率电子文件，结合数码相机型号、拍摄时间、原告参加摄影比赛获奖的事实，可以确认涉案数码照片系原告作品。虽然被告也提供了一些反证，但由于这些证据不能形成完整的证据链，不能对原告证据的证明力加以否定。

被告主张所有参赛作品的著作权由比赛主办方享有，但无法证明该比赛规则已经向全体参赛人员进行了公示且原告亦接受了该规则有关内容，同时，被告也无法证明涉案的 17 幅摄影作品全部为泰国易三仓大学提供。现原告对比赛规则予以否认，被告的主张缺乏证据，不能成立，故法院认定原告对涉案摄影作品所享有的著作权受法律保护。

法律法规

1.《中华人民共和国著作权法》第九条：著作权人包括：

（一）作者；

（二）其他依照本法享有著作权的公民、法人或其他组织。

2.《中华人民共和国著作权法》第十一条：著作权属于作者，本法另有规定的除外。

创作作品的公民是作者。

由法人或者其他组织主持，代表法人或者其他组织意志创作，并由法人或者其他组织承担责任的作品，法人或者其他组织视为作者。

如无相反证明，在作品上署名的公民、法人或者其他组织为作者。

3.《中华人民共和国著作权法实施条例》第三条：著作权法所称创作，是指直接产生文学、艺术和科学作品的智力活动。

评　述

　　数码照片是以计算机数字代码形式构成并以数字代码形式存储于存储卡、计算机硬盘、光盘等存储介质中的图像的虚拟组合。由于数码照片的数据可以随时与其存储介质分离，并同时存储于多份不同的存储介质中且易于修改，任何存储介质都不具有证明数码照片著作权形成时间的可靠证明力，故数码摄影作品缺乏能够证明权利最初形成的证据，造成数码摄影作品权利人维权过程中经常遇到如何证明作品著作权归属的困难。

　　目前，没有关于数码照片著作权权属证明的特别规定。从司法实践看，法院通常是根据当事人提供的相关证据，从日常生活经验法则和逻辑规则出发，综合判断相关证据的证明力，从而对数码照片的著作权权属作出认定。数码摄影作品的著作权人应当对该数码照片由谁、出于何种目的、在什么地点、如何完成拍摄等内容进行说明，提供摄影器材及分辨率较高、存储空间较大的电子文件，使法官能够形成足够的有关著作权权利归属的确认。而法官通常也会要求被控侵权的使用者说明其所使用的数码照片有无合法来源并提供相关证据，与原告的相关证据进行综合的审查判断，最终认定数码照片作品的著作权归属。

　　本案中，法院正是根据原告提供的大容量、高分辨率的电子文件，结合数码相机型号、拍摄时间、原告参加摄影比赛获奖的事实，确认涉案数码照片系原告作品。被告虽然也提供了一些反证，但这些证据由于不能形成完整的证据链，不能对原告证据的证明力加以否定，故最终未能得到法院的采信。

案例3：
孟昭瑞诉上海文艺出版总社侵权案
为什么这些职务作品的著作权不能完全归属于作者？

【案例要旨】

　　一般职务作品的著作权由职工享有。对于为了完成单位工作任务、单位提供了特殊创作环境或特殊创作条件而完成的一般性职务作品，作者享有署名权等人身权利和一定范围内的著作财产权利，有权就涉案作品主张署名权、有权禁止他人未经许可以复制、发行的方式对其作品进行使用，并有权获得相应的报酬。

案情回放

　　2004年3月，孟昭瑞（以下简称"原告"）起诉上海文艺出版总社（以下简称"被告"），称该社未经许可，在其出版的《中华人民共和国36位军事家》一书中使用了原告拍摄的23幅摄影作品，侵犯了作者的署名权、复制权、发行权以及获得报酬权，要求被告赔礼道歉并支付赔偿金5.75万元。被告辩称，涉案作品为法人作品，著作权并非原告享有，请求法院驳回起诉。

涉案图书封面

涉案图书内页（中图、下图）

涉案摄影作品原作之一（我国第一颗原子弹爆炸成功，孟昭瑞 摄）

涉案图书内页（上图）　　　　　　涉案图书内页（右下图）

涉案摄影作品原作之二（罗瑞卿观看军事比武小分队演练，孟昭瑞 摄）

涉案摄影作品原作之三（中国人民志愿军跨过鸭绿江赴朝作战，孟昭瑞 摄）

涉案图书内页（下图）

涉案图书内页（中图 2 张）

涉案摄影作品原作之四（叶剑英在练兵比武场上，孟昭瑞 摄）

涉案摄影作品原作之五（许光达等与坦克驾驶员合影，孟昭瑞 摄）

涉案图书内页（中图）　　　　　　　　　　涉案图书内页（右下图）

涉案摄影作品原作之六（谭政大将勉励世界纪录创造者，孟昭瑞 摄）

涉案摄影作品原作之七（邓华与陈赓向参加演习的战士敬酒，孟昭瑞 摄）

法院审理

法院经审理查明，涉案的 23 幅摄影作品均曾公开发表，且署名为"孟昭瑞"。2002 年 7 月，上海文艺出版社出版发行了《中华人民共和国 36 位军事家》一书，该书中使用了涉案的 23 幅摄影作品，均未署名。另查，1997 年 12 月 5 日，上海市新闻出版局做出了《关于上海文艺出版总社定名的批复》，规定"上海文艺出版总社"为法人单位，上海文艺出版社以自己的社号开展组稿、市场调研、图书宣传等工作，以自己的前缀号出书。上海文艺出版社是被告上海文艺出版总社下设的一个部门，不具备法人资格，其相应的民事权利义务均由被告承担。

一审法院认为，原告为涉案 23 幅摄影作品的作者，享有著作权。被告无证据表明涉案作品为法人作品，其未经许可，擅自使用原告作品的行为侵犯了原告的著作权，应承担相应的法律责任。判决：被告停止侵权，赔偿原告经济损失 3 万元并登报致歉。被告不服提起上诉。

二审法院认为，涉案作品拍摄时间均为 20 世纪 50 年代至70 年代，系原告以解放军画报社记者的身份并接受解放军画报社的指派拍摄，应属于职务作品。原告作为作者，享有署名权等人身权利和一定范围内的著作财产权利，有权就涉案作品主张署名权、有权禁止他人未经许可以复制、发行的方式对其作品进行使用，并有权获得相应的报酬。

二审法院据此改判：被告赔偿原告经济损失 2.3 万元，维持一审判决其他内容。

法律法规

《中华人民共和国著作权法》第十六条：公民为完成法人

或者其他组织工作任务所创作的作品是职务作品，除本条第二款的规定以外，著作权由作者享有，但法人或者其他组织有权在其业务范围内优先使用。作品完成两年内，未经单位同意，作者不得许可第三人以与单位使用的相同方式使用该作品。

有下列情形之一的职务作品，作者享有署名权，著作权的其他权利由法人或者其他组织享有，法人或者其他组织可以给予作者奖励：

（一）主要是利用法人或者其他组织的物质技术条件创作，并由法人或者其他组织承担责任的工程设计图、产品设计图、地图、计算机软件等职务作品；

（二）法律、行政法规规定或者合同约定著作权由法人或者其他组织享有的职务作品。

评　述

根据我国《著作权法》第十六条的规定，公民为完成法人或者其他组织工作任务所创作的作品是职务作品，除法律特别规定的情形外，职务作品的著作权由作者享有。有下列情形之一的，作者享有署名权，著作权的其他权利由法人或者其他组织享有：一是主要利用法人或者其他组织的物质技术条件创作，并由法人或者其他组织承担责任的工程设计图、产品设计图、地图、计算机软件等职务作品；二是法律、行政法规规定或者合同约定著作权由法人或者其他组织享有的职务作品。

本案中，原告作为随军记者完成了涉案 23 幅摄影作品的拍摄，上述摄影作品应属职务作品，原告作为作者享有著作权。上海文艺出版社未经许可，在其出版、发行的《中华人民共和国 36 位军事家》一书中使用了原告享有著作权的涉案 23 幅摄影作品，未署作者姓名，亦未支付稿酬，侵犯了原告对涉案作品享有的署名权、复制权、发行权以及获得报酬权，应承担相应的民事责任。

然而，在特定历史环境下完成的作品，著作权的归属及其权利分配，还应考虑作品创作的条件和历史背景。本案中，涉案摄影作品是原告以解放军画报社记者的身份，受解放军画报社的指派拍摄的。基于作者与解放军画报社的关系、涉案作品拍摄时的特定历史背景，法院应酌情确定被告承担民事责任的具体方式以及赔偿经济损失的数额。

本案争议的焦点是：对于为完成单位工作任务、单位提供了特殊创作环境或特殊创作条件而完成的作品，作品著作权的归属及权利分配问题。

根据我国《著作权法》的相关规定，作品的著作权归属于作者。创作作品的公民是作者；由法人或者其他组织主持，代表法人或者其他组织意志创作，并由法人或者其他组织承担责任的作品，法人或者其他组织视为作者。公民为完成法人或者其他组织工作任务所创作的作品是职务作品，除法律特别规定的情形外，职务作品的著作权由作者享有。对于职务作品，单位有权在其业务范围内优先使用，且在作品完成两年内，未经单位同意，作者不得许可第三人以与单位使用的相同方式使用该作品。

记者受所在单位的指派进行采访报道，其所创作的稿件、摄影作品等属于职务作品，如无特别约定，该作品的著作权应属于作者。本案中，涉案23幅照片是作者以解放军画报社记者的身份，受解放军画报社的指派拍摄的，属于职务作品。该作品的创作不属于有关单位享有著作权的法定情形，故其著作权归属于作者。作者有权就涉案作品主张署名权,有权禁止他人未经权利人许可以复制、发行的方式对其作品进行使用,有权授权他人使用并获得相应的报酬。

但是,本案摄影作品的创作环境以及创作条件具有特殊性,因此法院在审理此案时,还需考虑到当时特定的历史环境和特定条件,涉案的23幅作品不仅体现了艺术创作的成果,更真实地反映和记录了国家和民族的重要历史时刻。在这种情况下,如果著作权完全由作者个人享有,不符合客观实际,更不利于维护国家利益。综合考虑上述因素,二审法院在认定原告作为作者享有署名权等人身权利及一定范围内的著作财产权利的同时,适当地确定了被告的侵权责任承担方式,既符合法律规定的本意,也符合客观实际。

案例 4：
孙照筠诉中国电影博物馆案

本单位在业务范围内使用职务作品还需要向作者付费吗？

【案例要旨】

> 职务作品的核心构成要件是"为完成工作任务所创作"，该工作任务必须是作者在单位中应当履行的职责，而非临时性委托。工作单位在业务范围内对职务作品可以免费使用。

案情回放

孙照筠（以下简称"原告"）是中国电影博物馆（以下简称"被告"）职工，在任职期间拍摄了该馆一些庆典活动照片。2006年，被告编辑发行了三期馆刊，共使用了84张原告创作的摄影作品。原告遂以侵犯著作权为由向法院起诉，要求判令被告停止侵权、赔偿经济损失等。

涉案杂志

涉案杂志

法院审理

　　一审法院经审理查明，原告是中国电影博物馆员工，在工作期间，主要在办公室宣传组负责宣传工作，工作职责包括拍摄一些大型庆典活动等的照片。2005 年 12 月至 2006 年 12 月期间，在中国电影博物馆开馆庆典、纪念中国电影诞生 100 周年展览、领导人视察等活动中，原告利用中国电影博物馆的摄影器材，拍摄了一些照片，并存放在自己的办公电脑中。原告认可这些拍摄工作属于其宣传工作职责范围，且认可如果不是中国电影博物馆的工作人员，不负责宣传工作，是拍不到这些照片的。2006 年 1 月 3 日、4 月 1 日、6 月 6 日的三期《中国电影博物馆馆刊》中，共使用了 84 张原告拍摄的上述照片。其中馆刊第三期第 5 页中名为"参观经典银幕形象的泥塑"的照片是将原告拍摄的照片中的人物部分和他人拍摄的柜子部分拼接而成的。馆刊第三期第 8 页中名为"尉健行同志视察中国电影博物馆"的照片与原告提交的光盘中的相应照片相比，围巾与红丝带的颜色略有差异，但基本色调均为红色。将原告认为是其拍摄的馆刊中的 84 张照片和其提交的光盘中的相应照片比对，馆刊中使用的该 84 张照片中，除上述两张照片的情况外，有一些对照片的边沿做了些微的剪切，有一些对照片的背景做了细微的处理，但均不影响照片的主题内容。该三期馆刊均在目录页的编委会列名的摄影师中将原告的姓名和其他两人的姓名共同标出，但在使用的具体照片中没有标明原告的姓名。在原告工作期间，被告每月都向其支付工资，但并未就使用的该84张照片单独支付报酬。

一审法院认为：原告主张的涉案84张摄影作品是其享有著作权的职务作品，被告有权在馆刊中免费使用该些作品，但被告侵犯了原告对涉案作品享有的署名权以及对涉案照片享有的修改权。考虑到涉案作品的性质、被告使用的方式等因素，以及原告未举出其精神受到严重损害的证据，对原告提出的赔偿精神损失的诉讼请求不予支持，但被告对其上述侵权行为应当承担停止侵权、赔礼道歉的法律责任。综上，判决：1. 确认原告享有涉案84张摄影作品的著作权；2. 被告在未表明原告作者身份及未删除涉案第67张照片的情况下，停止在《中国电影博物馆馆刊》2006年第1–3期中使用涉案照片；3. 被告向原告书面致歉；4. 驳回原告其他诉讼请求。

原告不服提起上诉。

二审法院经审理查明：原告拍摄涉案84幅摄影作品使用的是被告配发其使用的照相器材。涉案84幅摄影作品反映的内容是各级领导和电影明星出席被告所举办的活动。

二审法院认为：涉案84幅摄影作品属于一般职务作品，即涉案84幅摄影作品的著作权由原告享有，但被告有权在其业务范围内优先使用；作品完成两年内，未经被告同意，原告不得许可第三人以与中国电影博物馆使用的相同方式使用该作品。被告有权在其业务范围内优先使用涉案84幅摄影作品，被告在其馆刊的目录页上已标注了原告是摄影者之一，此种方式已经表明原告的作者身份，故被告的上述行为并未侵犯原告的署名权。由于涉案第 67 幅摄影作品有瑕疵，故被告在其馆刊上刊登该摄影作品时进行了拼接，因此，被告的上述行为并未侵犯原告的修改权。综上，判决：1. 维持一审判决第一项；2. 撤销一审判决第二项、第三项、第四项；3. 驳回原告的其他诉讼请求。

法律法规

1.《中华人民共和国著作权法》第十六条：公民为完成法人或者其他组织工作任务所创作的作品是职务作品。除本条第二款的规定以外，著作权由作者享有，但法人或者其他组织有权在其业务范围内优先使用。作品完成两年内，未经单位同意，作者不得许可第三人以与单位使用的相同方法使用该作品。

有下列情形之一的职务作品，作者享有署名权，著作权的其他权利由法人或者其他组织享有，法人或者其他组织可以给予作者奖励：

（一）主要是利用法人或其他组织的物质技术条件创作，并由法人或者其他组织承担责任的工程设计图、产品设计图、地图、计算机软件等职务作品；

（二）法律、行政法规规定或者合同约定著作权由法人或者其他组织享有的职务作品。

2.《中华人民共和国著作权法实施条例》第十一条：著作权法第十六条第一款关于职务作品的规定中的"工作任务"，是指公民在该法人或者该组织中应当履行的职责。著作权法第十六条第二款关于职务作品的规定中的"物质技术条件"，是指该法人或者该组织为公民完成创作专门提供的资金、设备或者资料。

3.《中华人民共和国著作权法实施条例》第十二条：职务作品完成两年内，经单位同意，作者许可第三人以与单位使用的相同方式使用作品所获报酬，由作者与单位按约定的比例分配。

评　述

《著作权法》第十六条规定了两种类型的职务作品，即一般职务作品和特殊职务作品。两种职务作品的权利归属是不同的。前者的著作权属于作者，法人或者其他组织可以优先使用；而后者的著作权属于法人或其他组织，作者享有署名权，单位可以给予作者奖励。

职务作品的核心构成要件是"为完成工作任务"，该工作任务必须是作者在单位中应当履行的职责，而非临时性委托。本案原告在中国电影博物馆具体负责宣传工作，包括在大型庆典等活动中拍摄照片，因此原告创作涉案照片的行为是为完成其工作任务，应该属于职务作品，而不是原告的个人作品。此外，由于"照片"并不属于工程设计图、产品设计图、地图、计算机软件等法律列明的四类特殊作品类型，同时，原告和中国电影博物馆也未对涉案作品做出过著作权约定。因此，这84幅照片应该属于一般职务作品。

对于一般职务作品，单位享有优先使用权，但法律却没有规定这种优先使用是否需要向作者另行支付工资之外的报酬。从著作权法目前的规定来看，特殊职务作品的著作权属于法人或其他组织，但依照法律规定，单位也仅仅是"可以"给予作者奖励，同时也意味着可以不给予奖励。而对于一般职务作品，连著作权都给了作者，单位更是可以不给予工资之外的报酬。

案例5：
张顺喜诉北京中海地产有限公司和北京嘉益德房地产开发有限公司侵权案
在工作期间拍摄的照片都算是职务作品吗？

【案例要旨】

> 在认定职务作品时，对于"领导交办的临时性事务"所包含的内容，应以本单位的临时性事务为限，不宜做扩大解释。领导交办的本单位工作任务以外的其他临时性事务，不宜归入双方约定的"领导交办的临时性事务"。

案情回放

张顺喜（以下简称"原告"）在北京中海物业管理有限公司任职期间拍摄了"中海城"房地产项目的样板间照片，被北京中海地产有限公司用于商业宣传。2008年3月，张顺喜以北京中海地产有限公司（以下简称"被告一"）和北京嘉益德房地产开发有限公司（以下简称"被告二"）侵犯其摄影著作权为由诉至法院，要求两被告停止侵权，赔偿经济损失50万元以及为诉讼支出的合理费用9000元。

涉案网页

涉案摄影作品原作　张顺喜 摄

涉案网页

涉案摄影作品原作 张顺喜 摄

涉案网页

涉案摄影作品原作 张顺喜 摄

涉案网页

涉案摄影作品原作 张顺喜 摄

涉案网页

涉案摄影作品原作 张顺喜 摄

涉案网页

涉案摄影作品原作 张顺喜 摄

涉案网页

涉案摄影作品原作 张顺喜 摄

涉案网页

涉案摄影作品原作 张顺喜 摄

涉案网页

涉案摄影作品原作 张顺喜 摄

法院审理

一审法院认为，涉案作品是原告根据被告一及北京中海物业公司领导的指派，利用工作时间拍摄完成的，属于职务作品。虽然涉案照片的著作权应归原告所有，但根据我国《著作权法》的规定，著作权由作者享有的职务作品，法人或者其他组织有权在其业务范围内优先使用。因此，被告公司有权在其业务范围内使用涉案摄影作品，该行为并未侵犯原告的著作财产权。但由于在使用该作品时未给作者署名，被告侵犯了原告的署名权。判决：1. 两被告停止侵犯原告署名权的行为；2. 驳回原告的其他诉讼请求。原告不服一审判决提起上诉。

二审法院认为，原告受被告一委托，拍摄了"中海城"二期样板房照片 50 张。由于双方对所拍摄照片的著作权归属未进行约定，故根据著作权法的相关规定，原告作为受托人享有涉案照片著作权。在二审法院主持下，当事人双方达成调解协议。

法律法规

《中华人民共和国著作权法》第十七条：受委托创作的作品，著作权的归属由委托人和受托人通过合同约定。合同未作明确约定或者没有订立合同的，著作权属于受托人。

评　述

原告使用自购的 Canon EOS 5D 相机拍摄了涉案照片，并对部分照片进行了后期制作，挑选后将效果最好的 50 张照片以光盘形式交给中海地产公司下属营销中心，但双方对著作权的归属未进行约定。在原告和北京中海物业公司签订的劳动合同及中海物业公司的内部规定中，其工作内容主要是"公司车辆的统一调度及车辆的保养、维修和做好公司日常对外接待工作及完成领导交办的临时性事务"。根据约定，原告的工作任务包括"领导交办的临时性事务"，但该临时性事务应以本单位的临时性事务为限，不宜做扩大解释。对于领导交办的本单位工作任务以外的其他临时性事务，不宜归入双方约定的"领导交办的临时性事务"。

就涉案照片而言，原告是为了营销"中海城"项目这一工作任务而拍摄的。北京中海物业公司是一家物业公司，房地产项目的销售并不包含在该公司的工作任务范围内，而是其上级公司北京中海地产公司的工作任务。而且，直接指派原告拍摄的也非中海物业公司，而是其上级公司中海地产公司。由于原告是中海物业公司的员工，中海物业公司才会基于协调工作的需要而对原告的拍摄工作进行具体的安排。不论中海物业公司是否对原告的拍摄工作进行了安排，都不能否认该拍摄工作并非中海物业公司的工作任务，不能因此认为原告的拍摄行为是完成中海物业公司的工作任务。因此，原告拍摄涉案照片的行为不符合《著作权法》关于职务作品的规定，不属于职务作品。

同时，原告拍摄涉案照片是接受中海地产公司的指派，而原告与中海地产公司不存在劳动合同，中海地产公司的工作任务不属于原告的工作职责范围，因此，中海地产公司对原告的指派应认定为委托。由于双方没有就著作权的归属进行约定，故依据上述法律规定，涉案摄影照片的著作权应归原告享有。中海地产公司和嘉益德公司使用涉案摄影照片未向作者支付报酬，侵犯了原告的著作财产权。

职务作品的根本在于作品的创作是为完成本单位的工作任务，因此，职务作品的认定应以是否"完成本单位工作任务"为基础。如果是为完成本单位工作任务以外的其他工作任务而创作的作品，通常不被认定为职务作品。此外，即使创作行为是根据所在单位的指派完成的，如果创作的目的不是完成本单位的工作任务，而是完成其他单位，包括上级单位、下级单位、关联单位等的工作任务，或者是完成单位领导的私人工作，均不属于职务作品。

法人或者其他组织在与员工签订劳动合同时，应当注意与员工就其工作职责作出明确约定，以便明晰员工所进行的创作是否属于其工作职责范围内。

委托作品则与工作职责无关，任何公民、法人或其他组织都可以委托作者进行创作，不论相互之间是否存在劳动关系。但由于法律明确规定，双方对著作权归属没有约定或约定不明时，著作权归受托人享有，故在委托关系成立时，委托人和受托人应当就著作权归属作出明确的约定，防止因约定不明出现著作权纷争。

案例6:
隋有禄诉王文波以及北京美好景象图片有限公司侵权案

法院是如何认定摄影作品共同创作的?

【案例要旨】

摄影作品的创作主要体现在拍摄者对拍摄地点、拍摄对象、拍摄角度、光线明暗等的选择上。合作作品的根本判断标准在于有无合作创作的行为。一方提供辅助条件,另一方进行创作不构成共同创作。

案情回放

1990年9月,隋有禄(以下简称"原告")拍摄了一套"北京亚运村全景"照片,共11卷44张。拍摄完成后,将其中4张照片的正底片交给了王文波(以下简称"被告")。2005年,原告发现上述4张照片中的一张(简称"奥体中心")被刊登使用在北京美好景象图片有限公司(以下简称"被告公司")发行的《景象图片库》一书以及该公司网站和《景象图片库》光盘中。随后,原告以侵犯摄影著作权为由诉至法院,要求两被告停止侵权、归还侵权拷贝底片,赔偿经济损失66.8万元、精神补偿费1万元、调查取证费2000元并公开登报赔礼道歉。

法院审理

法院经审理查明,1990年,被告与他人合意共同拍摄北京亚运村全景。同年9月,原告、被告和案外第三人一同来到北

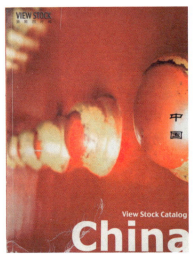
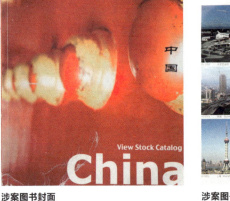
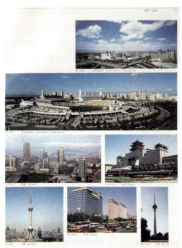

涉案图书封面　　　　　　　　　涉案图书内页（上数第 2 幅）

京市第四清洁车辆场，由被告联系进入该车辆场内。之后，原告首先攀登到该车辆场内的水塔塔顶，用自带的相机和自己的 6 个胶卷拍摄了 24 张照片；后借用被告的 5 个胶卷拍摄了 20 张照片，共拍摄了 11 卷 44 张亚运村的全景照片。三天后，原告交给被告 2 个胶卷共 8 张照片的正底片、及 3 个未使用的胶卷。被告将上述 8 张照片正底片中的 4 张交给了案外人，自己留下 4 张（其中包括涉案作品"奥体中心"）。双方未就照片的著作权归属进行约定。

　　1998 年，被告持涉案的"奥体中心"正底片与被告公司签订委托代理经营该照片的协议，并提供了该照片的拷贝片。之后，被告公司将涉案的"奥体中心"照片收录在《景象图片库》一书、《景象图片库》光盘及公司网站上，图片编号为 BV–0352，并在《景象图片库》一书的摄影者中署了被告的姓名。2005 年 3 月 17 日，某房地产公司委托的广告公司就使用涉案作品一事与被告公司达成协议，以 1680 元的价格获准在房地产宣传画册中使用涉案作品一年。为此，被告公司和被告应各获得 800 元，但被告因诉讼原因并未从被告公司取得该笔费用。

一审法院认为：本案原告作为"奥体中心"的实际拍摄者，应是该摄影作品的作者，应当享有该作品的著作权。被告未经许可，将原告享有著作权的摄影作品"奥体中心"作为自己的作品委托给图片公司代理经营以获取收益，侵犯了原告对该作品享有的著作权。一般来讲，图片公司判断某人是否对作品享有著作权，通常是依据提供者是否持有底片。被告持有"奥体中心"的正底片，并将拷贝正底片而成的拷贝片提供给图片公司的行为，足以使被告公司相信其对该作品享有著作权。因此，被告公司尽到了合理的审查义务，不存在主观过错，不应对原告承担民事赔偿责任，但应承担停止使用，归还涉案摄影作品拷贝片的民事责任。被告依据与被告公司签订的协议而应得的 800 元应赔偿给原告，但考虑到被告始终未从图片公司领取此笔费用，故此笔收益直接从被告公司返还给原告。判决：1. 未经原告许可，被告不得使用涉案的"奥体中心"摄影作品；2. 被告向原告书面致歉；3. 被告赔偿原告合理费用 300 元；4. 被告公司立即停止使用并删除涉案"奥体中心"摄影作品，并将作品的拷贝片归还原告；5. 被告公司返还原告 800 元；6. 驳回原告的其他诉讼请求。原告不服一审判决提起上诉。

二审法院认为，原审判决认定事实基本清楚，适用法律正确，处理结果亦无不妥，应予维持。

法律法规

《中华人民共和国著作权法》第十一条第一款、第二款：著作权属于作者，本法另有规定的除外；创作作品的公民是作者。

评　述

本案中，被告表示，原告所拍摄的包括"奥体中心"在内的一套"北京亚运村全景"照片，是被告和原告以及案外人共同构思创意的，属于合作作品；原告代为拍摄的照片以及其上的权利应当归被告和案外人各自享有。既然原告已经将"奥体中心"摄影作品的正底片交付，被告就应当享有该作品的著作权并有权发表和使用。原告对此不予认可。

根据我国《著作权法》的规定，创作作品的公民是作者。摄影作品的创作主要体现在拍摄者对拍摄地点、拍摄对象、拍摄角度、光线明暗等的选择上。即使在相同的拍摄地点拍摄同样的景观，如果拍摄者选择不同的拍摄角度和光线，拍摄完成的作品也是不同的。因此，对于摄影作品而言，实际完成拍摄操作的人，即为该作品的作者。本案中，虽然原告、被告等三人当时一同来到拍摄现场，但是，由原告攀登到水塔塔顶并进行拍摄，故完成涉案作品的实际操作人是原告。原告作为"奥体中心"的实际拍摄者，将自己对于被拍景观的理解通过拍摄角度和光线明暗等元素的选择上体现出来，将自己的智力性劳动付诸该作品中。因此，原告是该摄影作品的作者，应当享有该作品的著作权。

我国著作权法意义上的合作作品是指两人或两人以上合作创作的作品。合作作品的著作权由合作作者共同享有，但没有参加创作的人，不能成为合作作者。《著作权法实施条例》第三条第二款还规定：为他人创作进行组织工作、提供咨询意见、物质条件，或者进行其他辅助工作，均不视为创作。在涉案作品"奥体中心"的拍摄过程中，被告虽然提供了胶卷，并联系进入了拍摄地点，但其并未达到实际的拍摄点，也没有实施拍摄行为，故其并没有参与涉案作品的创作，不是该作品的合作作者。合作作品的根本判断标准在于有无合作创作的行为。但在现实中，为创作某个作品展开合作的情形很多，例如，一方提供辅助条件，另一方进行创作的合作形式就非常普遍。此时，双方最好在事先签订合作协议，对著作权归属、作品使用、报酬支付、收益分成等事宜进行约定，以避免事后发生纠纷。

同时，由于著作权的无形性，作品载体的所有权与作品本身的著作权是可以发生分离的。根据著作权法的规定，美术等作品原件所有权的转移，不视为作品著作权的转移。因此，原告将涉案"奥体中心"摄影作品正底片交给被告的行为，亦不应视为该作品的著作权转移。在现实中，取得美术、摄影等作品的原件并不意味着可以随意使用该作品，除展览或者为个人欣赏等法律规定的合理使用情形外，对作品进行商业性使用均应事先征得著作权人的许可，以防止因此引起纠纷。

案例 7：
薛华克诉燕娅娅侵权案
临摹摄影作品创作油画也侵犯著作权吗？

【案例要旨】

在不改变作品基本内容的前提下，将摄影作品以油画形式表现的行为，构成了对摄影作品的改编。未经许可改编他人作品，应当承担停止侵权、赔偿损失的法律责任。

案情回放

2005 年，薛华克（以下简称"原告"）在帕米尔高原拍摄完成了摄影作品《无名（特征为头盖桔黄布的孩子）》（简称《孩子》）。2007 年 5 月，燕娅娅（以下简称"被告"）的个人油画作品集《娅娅山上的故事》一书出版，其中收录了油画作品《塔合曼的小古丽》（简称《小古丽》）。该油画与薛华克的摄影作品表现的是同一人物。2011 年初，原告以被告侵犯其改编权为由诉至法院，请求判令被告停止侵权、销毁侵权作品、公开赔礼道歉并赔偿经济损失 1.5 万元。法院还就两人因其他几幅摄影作品产生的同类著作权纠纷案件进行了审理。

法院审理

法院经审理查明，原告为中国摄影家协会会员；被告系油画专业创作者，所创作的油画曾多次入选全国性美术展览。2005 年，原告和被告均前往帕米尔高原，二人在当地相遇。2006 年，原告在中国美术馆举办"高原人"摄影作品展，在

涉案摄影作品原作之一　薛华克 摄

涉案摄影作品原作之二　薛华克 摄

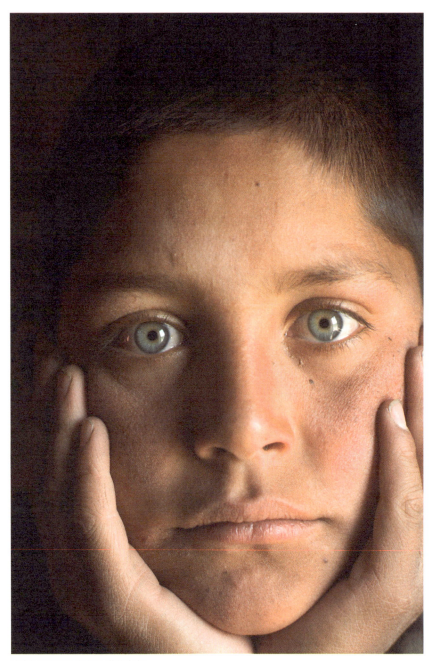

涉案摄影作品原作之三 薛华克 摄

涉案摄影作品原作之四　薛华克 摄

涉案摄影作品原作之五 薛华克 摄

涉案摄影作品原作之六　薛华克 摄

《作品选集》第 35 页收录了《孩子》。被告在其个人油画作品集《娅娅山上的故事》一书中收录了油画《小古丽》（注明：170×125cm　2007），该书于 2007 年 5 月出版。诉讼中，原告提出被告的油画《小古丽》是参照其上述摄影作品绘制而成，当时其先行拍摄照片，被告看到后，向其索要照片并据此绘制成油画。被告则表示原告是由其带到创作现场，在女孩摆好姿势后，其进行绘画的同时，原告进行了拍照，但双方均未就此提供相应证据。将《孩子》与《小古丽》进行比对，两幅作品以同一个头披桔黄布的小女孩为画面主题，在小女孩的姿势、表情、眼神、嘴型以及所佩戴头布、帽子的形状等方面均相同，但二者的背景不同。另查，被告提交的《经典十年》画册中收录了其绘制的油画《好同学》，该作品中突出表现的人物即为涉案油画《小古丽》中的小女孩，但作为背景的两个小孩形象与原告作品《孩子》中作为背景的其中两个小孩形象相同。

法院认为，被告的油画《小古丽》与原告的摄影作品《孩子》画面的主要内容相近，除背景不同外，二者在所表现主要人物的特征、表情、姿态以及服饰等方面均相同，且原告的摄影作品对外展出在先，故可以认定被告在绘制上述油画时参照了原告的摄影作品。被告的涉案油画与原告的摄影作品，除作品类型不同外，二者所表现的画面主要形象基本相同，表明被告在绘制涉案油画时不仅参照了原告作品的主题，还使用了原告作品中具有独创性的表达。被告的涉案行为属于在不改变作品基本内容的前提下，将作品由摄影作品绘制成油画作品的行为，构成了对原告摄影作品的改编。但被告改编原告的摄影作品，并未取得许可，且还将改编后的油画作品用于展览、出版，亦未支付报酬，故侵犯了原告享有的改编权，应承担相应的法律责任。判决：1. 被告立即停止使用涉案侵权油画；2. 被告赔偿原告经济损失 1.5 万元；3. 驳回原告的其他诉讼请求。

原告被告均不服提起上诉，二审法院调解结案。

法律法规

1.《中华人民共和国著作权法》第十条第一款第（十四）项：改编权，即改变作品，创作出具有独创性的新作品的权利。

2.《中华人民共和国著作权法》第四十七条：有下列侵权行为的，应当根据情况，承担停止侵害、消除影响、赔礼道歉、赔偿损失等民事责任：……（六）未经著作权人许可，以展览、摄制电影和以类似摄制电影的方法使用作品，或者以改编、翻译、注释等方式使用作品的，本法另有规定的除外……。

评　述

摄影与绘画是两种独立的艺术表现形式，前者依靠相机捕捉光影，后者则是借助笔墨描绘人物、景色。但随着时代的发展和相机的普及，二者的关系变得越来越紧密。在现实中，绘画的创作不再局限于过去那种户外写生、实地创作的单一模式，先借助相机把创作对象拍摄下来，然后在画室中以照片为依据进行描绘已经成为很多绘画者经常采用的创作模式。事实上，在油画领域存在一种被称为超级写实主义的流派，该流派的特征就是先用照相机把描绘对象拍摄下来，然后以照片为依据进行创作，所呈现的画面甚至比照片更为细腻、逼真，所以又被称作照相写实主义，也有人将之称为绘画中的"摄影派"。绘画者根据自己拍摄的照片进行创作，无可厚非。但一些绘画者由于条件所限，不能亲自拍摄到要表现的对象，于是在创作时就选择了"捷径"，即参照他人拍摄的照片进行绘画创作，采用写实手法创作出来的油画与原照片高度相近，这就引发了一个颇具争议的问题，即绘画者的演绎行为属于合理借鉴，还是侵权行为。

　　本案中，被告表示涉案油画系其独立创作完成，但法院根据被告油画与原告摄影作品所表现画面主要内容的近似，被告自行提交的《经典十年》画册中收录的其另一幅油画《好同学》却出现了与涉案油画主体相同而背景人物与涉案摄影作品相同的情况，以及油画与摄影因创作过程、手段不同而导致作品内容相似可能性的分析，认定被告在绘制涉案油画时参照了原告的摄影作品。通过对比被告的涉案油画与原告的摄影作品，除作品类型不同外，二者所表现的画面主要形象基本相同，表明被告在绘制涉案油画时不仅参照了原告作品的主题，还使用了原告作品中具有独创性的画面表达。

　　根据我国《著作权法》的有关规定，改编权是指改变作品，创作出具有独创性的新作品的权利。改编作品，一般是指在不改变作品内容的前提下，将作品由一种类型改变成另一种类型。改编权是著作权人享有的一项著作财产权利，改编他人作品应取得著作权人的许可，且改编者在行使新作品的著作权时不得侵犯原作品的著作权。被告在绘制涉案油画时使用了原告摄影作品中具有独创性的画面形象，二者的主要内容基本相同，但由于创作方法不同，涉案油画的绘制需要被告通过对表现对象的观察、理解并借助绘画颜料和自身的绘画技能才能完成，绘画过程体现了其个人的构思和判断，且涉案油画与原告的摄影作品相比，二者在视觉上仍存在能够被识别的差异。因此，被告的涉案行为属于在不改变作品基本内容的前提下，将作品由摄影作品改变成油画作品的行为，构成了对原告摄影作品的改编。但被告改编的原告摄影作品，并未取得原告许可，且被告还将改编后的油画作品用于展览、出版，亦未向原告支付报酬，故侵犯了原告对涉案摄影作品享有的改编权，应当承担停止侵权、赔偿损失的法律责任。

　　在文学、艺术领域，任何一部作品的创作都离不开对前人成果或已有素材的使用。因此，法律并不禁止创作者对前人作品的合理借鉴，唯有如此，人类文明才能不断积累和进步。但对他人作品的借鉴必须限定在合理的范围内。由于著作权法对作品的保护是对作品表达的保护，不延及作品的思想或主题。因此，对他人作品的借鉴，应当限于对作品思想、主题或属于公有领域内容的借鉴，对他人作品中具有独创性的表达则不得擅自使用。

　　由于摄影主要是对客观形象的记录，他人对于其作品中的客观形象可以适当借鉴和模仿，但绘画创作者对于他人摄影作品的借鉴必须适当、合理，不得以绘画方式照搬使用他人作品。绘画创作者在参照他人摄影作品进行创作时，应当体现自己的构思，使作品在整体画面、尺寸、细节等方面呈现出与照片不同的特点和差异，而不能对摄影作品进行简单的临摹、照搬，使二者发生混同。

第二章
摄影作品著作权的内容

【概述】

　　著作权的内容明确了著作权人享有的各项权利，是著作权的核心内容。根据作品的不同使用方式，著作权法规定了著作权所具有的署名权、发表权、修改权、复制权、发行权、放映权、广播权、信息网络传播权等在内的十七项权能，这些均是著作权的主要内容。如果没有法律的特殊规定，未经许可使用他人作品实施上述行为即构成侵权行为，需要承担相应的法律责任。

　　在实践中，摄影作品被侵权的表现形式是多种多样的，近年来，由于手机报、博客、电子书、微博等新媒体的涌现，摄影作品被侵权的行为又出现了新特征，互联网已经取代传统载体成为摄影作品侵权行为的高发区。在审理过程中，法官需要综合运用演绎、推理等手段准确界定侵权行为的性质并适用相应的法律，由此产生了众多有代表性的经典判例。这些判例对于人们深入理解和把握著作权的内容以及今后类似案件的审理起到了积极的作用。

案例 8：
燕雨生诉北京公交广告有限责任公司、北京天翔国际旅行社有限公司、北京市公交广告公司图片社侵权案

广告公司使用我的作品未署名，为何不构成侵权？

【案例要旨】

从署名权的行使方式上看，作者有权在作品上署真名、假名或暂时不署名。但是，作者的署名权应当与商业习惯相协调。当摄影作品用于户外广告宣传时，为了保护宣传图片的视觉完整感，一般都会按照该行业的商业习惯，省略摄影作品作者的署名，这不应视为对作者署名权的侵犯。

案情回放

燕雨生（以下简称"原告"）在 1999 年拍摄了一幅名为《黄金搭档》的摄影作品，此作品在"迈向新世纪的北京龙卡杯"摄影大奖赛上获奖并被印制在纪念册上发表，2000 年 8 月，北京公交广告有限责任公司、北京天翔国际旅行社有限公司、北京市公交广告公司图片社（以下简称"三被告"）将该幅作品用于公交候车亭的灯箱广告中。原告以三被告侵犯其摄影著作权为由诉至法院，要求其停止侵权、公开赔礼道歉、赔偿经济损失并承担本案诉讼费。

涉案摄影作品原作 燕雨生 摄

法院审理

　　法院经审理查明，2001 年 1 月 10 日和 2001 年 2 月 5 日，原告发现北京市部分公路沿线的 91 幅灯箱广告中使用了其拍摄的摄影作品《黄金搭档》。从北京市公证处拍摄的灯箱广告照片中可看出：灯箱中放置的广告由 4 幅摄影作品组成，最左侧的即为涉案作品。该照片的右下角被北京申办 2008 年奥运会标志所遮盖。在该幅广告的右上角、右下角、边框上分别印有被告的名称、地址、电话号码及一小鸽子的圆形图标。图标右下角有被告英文名称第一个字母的连写——"TXITS"，与被告企业标牌及名片中使用的图标相同。

　　一审法院认为，原告对其所拍摄的摄影作品《黄金搭档》依法享有著作权。被告在制作及发布灯箱广告时未经许可使用了涉案作品且未向作者付酬，侵犯了原告依法享有的作品使用权和获得报酬权。被告提出"公益广告使用他人作品不必征得著作权人同意，也无须付酬"的主张无法律依据，不予采纳。考虑到类似的户外广告的特性和发布惯例，一般不直接在广告画面上为作者署名，且广告上的申奥标志也未破坏其作品的完整性，因此，原告关于被告侵犯其署名权及保护作品完整权的主张，不予支持。判决：1. 被告停止使用涉案作品并向原告书面致歉；2. 赔偿原告经济损失及因诉讼支出的合理费用9237元；3.驳回原告其他诉讼请求。

被告不服一审判决，提起上诉。

二审法院认为，原告系涉案作品的作者，被告未经许可使用原告作品的行为侵犯了原告的著作权，应当承担相应的民事责任。原审法院依据相关行业标准并加倍计算出的赔偿数额以及确定的赔礼道歉形式与被告侵权的性质相符合，原审判决认定事实清楚、适用法律正确，应予维持。

法律法规

《中华人民共和国著作权法》第十条：著作权包括下列人身权和财产权：……（二）署名权，即表明作者身份，在作品上署名的权利；……（四）保护作品完整权，即保护作品不受歪曲、篡改的权利。

评　述

在本案中，原告提出被告侵犯了其署名权及保护作品完整权，这涉及到摄影作品署名方式的特殊性问题。

署名权是指作者有权在自己创作的作品上署名，向世人宣告自己与特定作品之间的关系。署名权是著作人身权的核心，作者和作品通常被比喻为父亲与儿子，就像父亲有权基于对儿子的血缘关系表明自己的父亲身份，作者也有权基于对作品的创作通过署名宣示自己的作者身份。因此，法国著作权法理论将这一权利称为"父权"。

从署名权的行使方式上看，作者有权在作品上署真名、假名或暂时不署名。任何人不能违背作者选择行使自己署名权的方式。但是，作者的署名权应当与商业习惯相协调。例如，对于作者众多的百科全书而言，出版社可以在扉页或书中其他适当位置集中地说明哪一位作者撰写了哪一条目，而不一定要在封面将全部作者一一列出。在公共场所播放录音制品中的音乐作品不可能将相关词曲作者一一报出。同样的，在本案中，按照户外广告的发布惯例，广告制作者和发布者一般也不会直接在广告画面中的摄影作品上为作者署名。日本《著作权法》第19条第3款对此有明确规定：按照使用著作物的目的和状况，在不损害作者对署名权诉求的情况下，可以根据公平合理的惯例省略著作人姓名。使用摄影作品用于户外广告宣传，按照该行业的商业习惯，为了保护宣传图片的视觉完整感，一般都会省略摄影作品作者的署名,这并不会损害作者对署名权的诉求，不应视为对作者署名权的侵犯。

案例 9：
甄世平诉华侨出版社侵权案

未经许可是否能改变他人摄影作品的题目？

【案例要旨】

　　未对摄影作品的画面进行剪裁，仅对题目进行修改，并不属于对摄影作品本身的修改，不构成对修改权的侵犯。在实践中，作品名称是否具有独创性很难准确界定，缺乏可操作性。因此，目前的主要做法是将具有独创性且具有较高知名度的作品名称作为知名商品的特有名称，适用反不正当竞争法予以保护。

案情回放

　　甄世平（以下简称"原告"）在《北京纪事》杂志 1998 年第三期、第四期上分别发表了《角楼下的小本生意》、《上阵父子兵》等 3 幅摄影作品。华侨出版社（以下简称"被告"）在 1999 年 1 月出版发行的《最新京城内参》一书中使用了上述摄影作品，并将《角楼下的小本生意》中的题目变更为《冷热

涉案杂志封面

涉案杂志内页（左下图）　　　涉案杂志内页　　　涉案杂志内页（右下图）

人生》，且均未署名。原告以侵犯其署名权、修改权、使用权和获得报酬权为由诉至法院，要求被告停止侵权、公开赔礼道歉并赔偿损失 1600 元。

法院审理

法院经审理查明，原告在《北京纪事》杂志 1998 年第三期、第四期上分别发表了涉案 3 幅摄影作品。被告于 1999 年 1 月出版发行的《最新京城内参》一书中使用了涉案摄影作品，并将其中一幅作品的题目变更为《冷热人生》，且均未署作者姓名。

一审法院认为，依据我国著作权法规定，"如无相反证明，在作品上署名的公民、法人或者非法人单位为作者"，原告应对涉案作品享有著作权。被告出版《最新京城内参》一书使用了上述摄影作品，但未尽到合理注意义务，出版了未经著作权人许可的作品，属主观上有过错，侵犯了原告对其作品享有的使用权，应承担相应的民事责任。但被告将照片《角楼下的小本生意》中的题目变更为《冷热人生》的行为，不侵犯该幅摄影作品的修改权。判决：1. 被告停止发行涉案图书并不得重印和再版；2. 被告在《光明日报》、《新闻出版报》上公开赔礼道歉；

3. 赔偿原告经济损失 618.4 元；4. 驳回原告的其他诉讼请求。

被告不服一审判决提起上诉。

二审法院认为，原审判决认定事实基本清楚，适用法律正确，处理结果亦无不妥，应予维持。

法律法规

《中华人民共和国著作权法》第十条第一款第（三）项：修改权，即修改或者授权他人修改作品的权利。

评　述

原告认为，被告在其出版发行的《最新京城内参》一书中，将《角楼下的小本生意》两幅作品中的一幅题目变更为《冷热人生》的行为侵犯了其对上述作品享有的修改权。

关于修改权的含义，我国《著作权法》第十条进行了明确规定，即"修改权是指修改或者授权他人修改作品的权利"。作者可以自己修改作品，也可以授权他人修改。授权他人修改，是作者行使修改权的一种方式，而不是他人行使修改权。需要说明的是，这里所讲的修改，是指对作品内容作局部的变更以及文字、用语的修正。那么对于作品题目的修改是否属于侵犯作者修改权的行为呢？回答上述问题，需要从著作权法保护的对象入手。

著作权法对作品的保护是对作品表达的保护。不同类型的作品，其表达方式存在区别。就摄影作品而言，摄影作品是指借助器械在感光材料或者其他介质上记录客观物体形象的艺术作品。《著作权法》所保护的摄影作品，仅限于拍摄者依靠自己的独立构思，通过光线处理、色彩对比、构图布局等所固定的拍摄对象的艺术形象。摄影作品的题目只是用来说明、介绍摄影作品的主题或寓意，以方便他人更好地欣赏作品。但作品的标题并不属于摄影作品的内容，不属于作品表达的组成部分。虽然作品的标题在一定程度上可以帮助他人更好地理解、欣赏作品，但由于人们学识、阅历、背景的差异，不同的人对于同一事物的理解不可能完全相同。因此，即便摄影作品标注有标题，不同的观赏者也可能产生不同的感受。尤其，人们在观赏摄影作品时，更多的是对作品画面中艺术形象的欣赏，进而产生自己的主观判断和认识，而非简单地借助作品的标题去领悟作品。因此，法律对摄影作品的保护应当是对作品中艺术形象的保护，摄影作品的修改权也应当限于摄影作品的表达，即艺术形象的范畴。

就本案来讲，被告在其出版发行的《最新京城内参》图书中完整使用了原告的摄影作品，并未对作品画面进行篡改，只是对《角楼下的小本生意》两幅作品中的一幅的题目进行了修改。因此，并不属于对摄影作品本身的修改，不构成对原告修改权的侵犯。

由上述问题还可以引申出另外一个问题，作品的名称是否受著作权法保护？对于该问题，我国《著作权法》并未明确。从国外的做法来看，通常对具有独创性的标题给予著作权法的保护。但在实践中，作品名称是否具有独创性很难准确界定，缺乏可操作性。因此，目前在司法实践中的主要做法是将具有独创性且有较高知名度的作品名称作为知名商品的名称，适用我国《反不正当竞争法》予以保护。

案例 10：
赵琛诉北京典晶创艺广告有限公司、北京金泰房地产开发有限责任公司侵权案

在广告设计中仅仅将他人的摄影作品做了一个细微的改动，法院为何判定我侵犯了保护作品完整权？

【案例要旨】

在某些情况下，一个微小细节的改动可能就改变了作者的思想表达，会损及作者的声誉，构成对作品完整权的侵犯；有时是较大幅度的改动但尚未改变作者要表达的核心思想，从而不构成对作品完整性的损害。

案情回放

1996年9月，赵琛接受大连建兴设计总公司（简称建兴公司）委托，为其设计制作售楼广告。赵琛因此自行拍摄了摄影作品《新娘子》，并将该摄影作品进行电脑处理后设计制作了销售广告《她将揭去盖头》。2001年6月，北京典晶创艺广告有限公司（简称典晶创艺公司）接受北京金泰房地产开发有限责任公司（简称金泰公司）委托，为其设计、制作、发

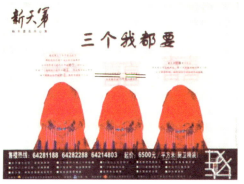

涉案广告

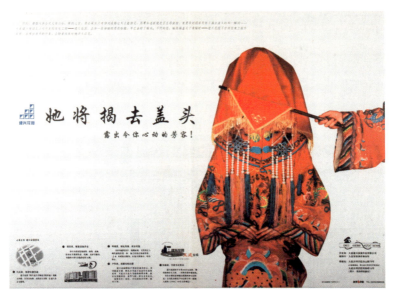

涉案广告原作 赵 琛 摄

布房地产项目平面广告《三个我都要》。但《三个我都要》广告截取了《她将揭去盖头》广告的图片，并对图片的内容进行了改动。赵琛认为典晶创艺公司和金泰公司的行为侵犯了其对《新娘子》和《她将揭去盖头》的著作权，要求两公司赔礼道歉并赔偿经济损失 30 万元。

法院审理

法院经审理查明，1996 年 9 月 29 日，沈阳市某创意广告有限公司（简称创意公司）与建兴公司签订协议，约定建兴公司委托创意公司负责其售楼形象设计、总体规划及传播，赵琛为上述项目的主策划人；创意公司项目小组为完成本项目所做的全部设计文档及作品的版权归建兴公司所有；本项目中相关设计的展示与著作权为双方共同拥有。同年 10 月 17 日，赵琛、创意公司、建兴公司签订变更协议，三方同意将前述协议中的创意公司变更为赵琛，协议的其余条款均不变。之后，赵琛为此拍摄了摄影作品《新娘子》，并运用电脑技术进行处理，即在新娘子的盖头上添加建兴公司的标志、将新娘子的头饰彩穗由八条增至十条、将新娘子的手指甲处理成红色等。赵琛将经过电脑处理的作品配以相关文字，设计制作了建兴公司的售楼广告《她将揭去盖头》，该广告分别于 1997 年 5 月 8 日、5 月 30 日刊登在《大连日报》和《沈阳日报》上。

1997 年 11 月 10 日，建兴公司做出声明将该公司名下的销售广告《她将揭去盖头》的著作权转让给赵琛。2002 年 2 月 26 日，建兴公司再次确认将其公司独家享有的与赵琛共有的售楼广告《她将揭去盖头》及该广告创作过程中形成的作品的著作权全部转让给赵琛。

2001 年 5 月 10 日，金泰公司与典晶创艺公司签订广告代理合同，约定金泰公司委托典晶创艺公司设计、制作、代理、发布其开发的"新天第"项目之平面广告。2001 年 6 月 4 日，《北京青年报》第 28 版刊登了典晶创艺公司为金泰公司设计制作的售楼广告《三个我都要》。该广告截取了售楼广告《她将揭去盖头》中的图片部分，即保留了新娘子形象，删除了新娘子盖头上建兴公司的"标志"、揭盖头的"杆"及持杆的"手"，且将新娘形象复制为三个，并配以相关的广告文字。

法院认为，赵琛既是摄影作品《新娘子》的拍摄者，又是售楼广告《她将揭去盖头》的设计者。根据现有证据足以证明该摄影作品及售楼广告的著作权归属于赵琛。

典晶创艺公司未经许可截取售楼广告《她将揭去盖头》中图片部分进行广告设计，且对图片部分进行了修改，也未表明著作权人身份及未支付报酬，侵犯了赵琛对上述作品享有的署名权、修改权、使用权、获得报酬权。原图片部分突出了新娘盖头将被"揭"去的创作主题，典晶创艺公司将体现该创意之揭盖头的"杆"及持杆的"手"删除，使原有主题的表现力降低，失去了作品原有内涵，侵犯了赵琛享有的保护作品完整权。金泰公司作为售楼广告《三个我都要》的委托者及实际受益者，应对委托作品侵犯赵琛的著作权承担共同侵权的法律责任。

对于赔偿数额，法院考虑到金泰公司、典晶创艺公司的主观过错和对该作品使用的商业目的以及该广告传播的范围和刊登该广告报纸的发行量等因素，酌情确定。法院判决：1. 金泰公司、典晶创艺公司未经赵琛许可，不得使用摄影作品《新娘子》及售楼广告《她将揭去盖头》的图片部分；2. 金泰公司、典晶创艺公司向赵琛公开致歉；3. 金泰公司、典晶创艺公司共同赔偿赵琛 8 万元。

一审宣判后，双方当事人均服从判决，被告方主动履行了判决。

法律法规

1.《中华人民共和国著作权法》第十条：著作权包括下列人身权和财产权：……（二）署名权，即表明作者身份，在作品上署名的权利；（三）修改权，即修改或者授权他人修改作品的权利；（四）保护作品完整权，即保护作品不受歪曲、篡改的权利；（五）复制权，即以印刷、复印、拓印、录音、录像、翻录、翻拍等方式将作品制作一份或者多份的权利；……

2.《中华人民共和国著作权法》第四十八条：有下列行为的，应当根据情况，承担停止侵害、赔礼道歉、赔偿损失等民事责任；……

（一）未经著作权人许可，复制、发行、表演、放映、广播、汇编、通过信息网络向公众传播其作品的，本法另有规定的除外；

……

3.《中华人民共和国著作权法》第四十九条：侵犯著作权或者与著作权有关的权利的，侵权人应当按照权利人的实际损失给予赔偿；实际损失难以计算的，可以按照侵权人的违法所得给予赔偿。赔偿数额还应当包括权利人为制止侵权所支付的合理费用。

权利人的实际损失或者侵权人的违法所得不能确定的，由人民法院根据侵权行为的情节，判决给予50万元以下的赔偿。

评　述

本案是一起因未经许可擅自使用他人摄影作品设计制作广告而引起的侵权纠纷。这种纠纷在司法实践中很常见，认定侵权也比较容易，只要被告未经许可擅自使用他人摄影作品，又不具备"合理使用"、"法定许可"的情况，原则上均可以认定为侵权行为。在本案中，尤其需要引起注意的有两点：第一点是被告典晶创艺公司截取涉案广告《她将揭去盖头》中的图片部分并进行修改的行为是否侵犯了原告的保护作品完整权；第二点是被告典晶创艺公司和金泰公司对涉案摄影作品进行商业性使用对本案判决的影响。

保护作品完整权是指保护作品不受歪曲、篡改的权利。作品是作者思想情感的表达，特定的作品表达了作者特定的思想感情。歪曲、篡改作品往往会损及作者在作品中所要表达的特定思想情感，因此法律规定该项权利的目的也旨在通过保护作品的完整性，进而保护作者思想情感的完整性，维护作者的声誉。摄影作品是一门视觉艺术，往往以整体的形象呈献给大家。侵权人在使用摄影作品时，有时是整体使用，未作出任何改动；有时是对作品进行一定程度的改动，或者是较大幅度的修改，亦或者是一些微小细节的修改，那么什么程度的改动能够被认定为是对摄影作品的歪曲、篡改，从而可以认定为侵犯了保护作品完整权呢？这个问题在侵权认定中并无统一的、可操作性的标准。有时一个小小的细节改动，可能改变了作者的思想情感，可能会损及作者的声誉，构成对作品完整权的侵犯。有时可能是较大幅度的改动但尚未改变作者表达的核心思想，从而可能不被认定为构成对作品完整性的损害。所以，对该问题的回答，需要回到现行《著作权法》对保护作品完整性权利的规定上去，从保护作品完整权的含义和立法目的上寻找答案。本案中，涉案广告《她将揭去盖头》以新娘子的盖头将被揭去的方式，表达了楼盘即将开盘的商业信息。所以，"揭"的动作是作者着力要表达的思想核心，而原告表达这一思想的独特表现形式就在于画面揭盖头的"杆"和持杆的"手"。将"杆"和"手"去掉，则无法传神地表达盖头将被揭起的思想。而被告在其广告中将"杆"和"手"删除了，这个看似微小的修改，使得该作品的表现力降低，无法表达原作的内涵，使得原作品作者的思想感情丧失殆尽，显然严重歪曲、篡改了作品，构成了对原告保护作品完整权的侵犯。

案例 11：
中国摄影著作权协会诉广州聚缘影业有限公司侵权案

制片方发行的影碟中包含有侵权的摄影作品，侵犯了摄影师的哪种权利？

【案例要旨】

在审理著作权侵权案件中，对摄影作品进行同一性比对时主要考虑以下因素：拍摄角度、取景范围、参照物、光线等。将摄影作品进行动画处理后，仍旧可以从被摄景物的倒影、积水的位置、石砖显露的形状等细微之处确认两件作品的同一性。

案情回放

袁均是中国摄影著作权协会的会员，于 1995 年创作了摄影作品《卢沟神韵》。2007 年，广州聚缘影业有限公司（以下简称"被告"）拍摄完成了电视连续剧《天地传奇》并在中央电视台播出，该剧在片头使用了摄影作品《卢沟神韵》且未取得作者许可。中国摄影著作权协会（以下简称"原告"）于 2010 年 5 月向法院起诉，要求被告停止侵权、支付侵权赔偿金 10 万元。

法院审理

法院经审理查明，袁均为涉案摄影作品的作者并且已将该作品的复制权、发行权交由本

涉案电视剧片头

涉案摄影作品原作 袁 均 摄

案原告进行管理。被告未经许可，在其制作的电视剧《天地传奇》片头使用了原告管理的涉案摄影作品。在法院主持下，双方当事人达成了和解：1. 原告授权被告在其制作的电视剧《天地传奇》片头以及基于该电视剧所产生的音像制品等衍生产品中继续使用摄影作品《卢沟神韵》（又称《古桥神韵》），该使用权的性质为非独家、非专有使用。2. 被告自本调解书生效之日起五个工作日内支付原告使用费人民币1万元。如被告未在上述期间内履行前述使用费给付义务，则应当按照《中华人民共和国民事诉讼法》第二百二十九条之规定，加倍支付迟延履行期间的债务利息。3. 原告放弃对被告及北京市新华书店王府井书店的其他诉讼请求。4. 原告就电视剧《天地传奇》片头及衍生产品中使用涉案摄影作品《卢沟神韵》一事不再向被告提起诉讼。

法律法规

《中华人民共和国著作权法》第八条：著作权人和与著作权有关的权利人可以授权著作权集体管理组织行使著作权或者

与著作权有关的权利。著作权集体管理组织被授权后，可以以自己的名义为著作权人和与著作权有关的权利人主张权利，并可以作为当事人进行涉及著作权或者与著作权有关的权利的诉讼和仲裁活动。

著作权集体管理组织是非营利性组织，其设立方式、权利义务、著作权许可使用费的收取和分配，以及对其监督和管理等由国务院另行规定。

评　述

原告作为摄影著作权的集体管理组织，接受摄影作品作者的授权，可以以自己的名义进行本案诉讼。在案件审理过程中，对认定侵权造成困扰的是被告使用的作品与原告作品同一性比对问题。

原告据以主张权利的是静止的摄影作品；而被告使用的是以动画形式表现出来的影视剧的片头，是动态的作品，所展现的具体形式是风起云涌，桥头积水生烟。这种对摄影作品的使用形式是此前的审判中未曾遇到的。

在审理涉及摄影作品的著作权侵权案件中，进行同一性比对时主要考虑以下因素：拍摄角度、取景范围、参照物、光线等。而随着科学技术的发展，经过技术手段处理的摄影作品与原作品是否具有同一性，的确是一个复杂的问题。比如在一起涉及天安门华表的摄影作品侵权案件中，被告使用时将原告的作品进行了翻转，同时将华表上的龙角部分进行了淡化处理。在庭审时，被告不认可两幅作品具有同一性。经过现场勘验，法院认定两者在拍摄角度、阴影位置等要素上具有高度一致性，是同一幅作品。

本案中，为慎重起见，法院走访了所属辖区内著名的影视制作企业——光线传媒。该企业制作部的技术人员分析、解释了从摄影作品转化为影视作品的可能性，并就从摄影作品到影视动画的制作进行了相应的展示，再现了制作过程。

通过走访，法院对相应的制作技术有了详尽的了解。被告虽主张其使用的作品另有来源，但证据不足。经过细致入微的工作，特别是通过对狮子的倒影、积水的位置、石砖显露的形状的比对，合议庭最终确认了本案中被告使用作品与原告权利作品的同一性。

被告未经原告许可使用原告作品，并将其制作成影视作品的片头复制、发行，侵害了原告作品的复制权、发行权及因行使前述权利获得报酬的权利。此外，根据我国《著作权法》的规定，改变作品，创作出具有独创性的新作品的行为是行使改编权的行为。本案中，被告在使用时将原告的摄影作品进行了改编，并为其加入了风起云涌、烟气弥漫的效果，形成了以影视动画形式展现出的新作品，该行为亦侵犯了原告的改编权。考虑到被告制作涉案影视作品《天地传奇》投入巨大，且目前已将其制作成音像制品发行，如果判决停止侵权，将给被告造成较大的经济损失。故合议庭根据被告制作影视作品的发行数量、侵权方式、范围和过错程度等因素，为双方提出了具有可行性的调解方案，即在被告向原告支付合理的使用费的前提下，原告授权被告在其制作的电视剧《天地传奇》片头以及基于该电视剧所产生的音像制品等衍生产品中使用原告会员所创作的摄影作品《卢沟神韵》（又称《古桥神韵》）。同时明确被告的使用权性质为非独家、非专有使用。

最终，在查明事实的基础上，经过合议庭耐心、细致的工作，双方当事人达成了一致的调解意见，实现了"双赢"。

案例 12：
中国摄影著作权协会诉北京盛世典藏文化艺术有限公司侵权案

信息网络传播权规范的是哪一种行为？

【案例要旨】

网络传播是一种交互式传播方式，使公众可在其个人选定的时间和地点接收所传播的内容，具有传输范围广、传输内容多的特点，未经许可将他人摄影作品上传至互联网即是侵犯信息网络传播权的行为。在诉讼中，经过公证的互联网侵权网页具有更强的证据效力。

案情回放

涉案网页

陈海汶是中国摄影著作权协会（以下简称"原告"）的会员，2010 年 10 月，北京盛世典藏文化艺术有限公司（以下简称"被告"）未经许可，在其公司网站上使用了陈海汶拍摄的 7 幅《中华 56 个民族群体肖像》系列照片，用以宣传该公司销售的艺术扑克牌。2011 年 1 月，原告以侵犯其会员信息网络传播权为由向法院提起诉讼，请求法院判令被告支付侵权赔偿金 10 万元及为诉讼支出的其他合理费用 5000 元。

涉案摄影作品原作之一　陈海汶 摄

涉案摄影作品原作之三　陈海汶 摄

涉案摄影作品原作之二　陈海汶 摄

涉案摄影作品原作之四　陈海汶 摄

涉案摄影作品原作之五 陈海汶 摄

涉案摄影作品原作之六 陈海汶 摄

涉案摄影作品原作之七　陈海汶 摄

法院审理

　　法院经审理查明，被告是一家经营主题文化扑克的创意性文化企业，曾开发了艺术扑克牌产品数千种。网民只要登录该公司网站，点击产品编号 C-085，便可进入印制有涉案摄影作品的扑克牌目录，再选择订购数量并通过支付宝进行在线交易，便可购买到印制有涉案作品的艺术扑克。

　　在庭审中，被告承认在其官方网站上使用了涉案照片用于商品宣传，使用照片总数为 7 幅，但该公司并没有实际从事涉案艺术扑克牌的制作和销售。另外，购买扑克牌的整个交易过程均在淘宝网上进行，系第三人的行为，与被告无关。

　　经法院调解，被告最终同意支付原告作品使用费 1.05 万元，同时负担本案诉讼费和公证费 2500 元。

法律法规

《中华人民共和国著作权法》第十条：信息网络传播权指以有线或无线方式向公众传播作品的权利，使公众可以在其个人选定的时间和地点获得作品的权利。

评　述

互联网具有传统的作品传播方式所无法比拟的优越性，自诞生以来，便以其便捷、高效的数据传输特点风靡全球，成为人们现代生活中不可或缺的一部分。网络传播是一种交互式传播方式，使公众可在其个人选定的时间和地点接收所传播的内容，具有传输范围广、传输内容多的特点。目前，互联网已经成为作品传播的主渠道，同时也是摄影作品侵权行为多发的领域。

未经许可将他人作品上传至互联网即构成侵犯信息网络传播权的行为。但对于作品在局域网传播是否也受信息网络传播权调整曾引发争议。有些人认为，由于局域网的用户仅限于一定范围的人群，并不面向不特定的社会人群，由此不符合互联网"交互式传播"的特点。比如图书馆的内设局域网，只有进入图书馆，才能使用馆内的电脑终端来查询和浏览网页内容。然而，从作品在局域网传播的方式来看，仍然符合"在其个人选定的时间和地点接收所传播的内容"这一网络传播的特点，不能因为其空间范围的限定而忽略其传输特点。因此，将作品上传至局域网的行为仍然要受到信息网络传播权的调整。

由于数字文件的可修改性及互联网内容更新速度快的特点，出现在互联网上的侵权内容极易被删除，从而出现证据灭失的结果。为此，提交给法院的涉及互联网侵权行为的证据往往需要符合法律规定的形式要件。上海市高级人民法院 2007 年制定的《关于数据电子文件证据若干问题的解答》第八条规定：将网页作为证据出示时，举证方应提供网址、时间，并将网页当庭演示，指明网页中与案件相关联的内容。同时，提供网页的纸质件，以备留档查考。经双方同意，也可只出示网页纸质件，不再演示网页。上述过程应在庭审笔录中完整体现。若对相关网页已作公证的，可不当庭演示网页，而直接将公证文书作为证据出示。第九条规定：诉讼双方对网页证据真实性发生争议，而该网页恰恰是查明案件事实的主要证据，经当事人申请，可要求相关网站提供协助，从计算机系统传输、存储的环节中直接保全证据，或请有关单位专家作鉴定，从网页证据的生成、存储、传递和输出环境的可靠性提出专家意见。由于网页信息更新快、时效性强，诉讼中应注意对网页证据的保全，可通过公证、摄像、下载等形式固定网页。一般而言，经过公证的网页证据具有较强的证明力。

支付宝是国内领先的独立第三方支付平台，属于网络交易平台服务提供商，这一支付方式可以有效地保证消费者资金的安全。但其本身并不参与买卖双方的交易过程，亦不从单笔交易中获取收益，故对买卖双方在交易过程中出现的侵权行为并不承担太多的注意义务。

案例 13：
李前光与中国移动手机新闻早晚报著作权侵权纠纷

手机报未经许可使用照片的行为侵犯作者的广播权还是信息网络传播权？

【案例要旨】

　　手机报作为新兴媒体的一种，其传播作品的方式更符合法律及国际条约对广播行为的界定，即不同的手机持有者在其各自选定的地点以无线的方式接收远端发出的固定时间和内容的信号，并在终端进行还原。

案情回放

涉案报刊截图

　　2011 年 11 月 16 日，中国移动手机新闻早晚报刊载了李前光拍摄的一幅摄影作品《进城去》，该照片被配以标题新闻"扶贫开发成绩突出"放在了头版。经核实，该使用行为事前并未取得作者许可，也未支付稿酬。

　　据手机报编辑部介绍，其编辑在制作当期封面时，选用了中新网的一则稿件，并将稿件中的新闻配图用于封面制作，并非擅自使用他人摄影作品。此外，根据手机报与中新网之间的协议，该报使用其内容时均署名为"中新网"，由于中新网

涉案摄影作品原作 李前光 摄

在该稿件上没有对配图的作者特别注明，故手机报在使用该图片时未给作者署名。由于该条新闻被众多媒体发布时也没有对作者名称加以标注，所以手机报编辑无从了解照片作者情况。

经过权利人与手机报编辑部协商，编辑部认识到了该行为的不妥并专程向作者登门致歉，作者也表示谅解，并不再追究其法律责任。

法律法规

《中华人民共和国著作权法》第十条第一款第（五）项：复制权，即以印刷、复印、拓印、录音、录像、翻录、翻拍等方式将作品制作一份或者多份的权利。

《中华人民共和国著作权法》第十条第一款第（六）项：发行权，即以出售或者赠与方式向公众提供作品的原件或者复制件的权利。

《中华人民共和国著作权法》第十条第一款第（十一）项：广播权，即以无线方式公开广播或者传播作品，以有线传播或者转播的方式向公众传播广播的作品，以及通过扩音器或者其他传送符号、声音、图像的类似工具向公众传播广播的作品的权利。

《世界知识产权组织表演和录音制品公约》（简称WPPT）第2条f项："广播"是指以无线方式的播送，使公众能接收声音，或图像和声音，或图像和声音表现物；通过卫星进行的此种播送亦属于"广播"；播送密码信号，如果广播组织或经其同意向公众提供了解码的手段，则是"广播"。

评　述

手机报是随着现代科技的发展应运而生的一种新兴媒体，摄影作品通过手机以手机报的形式传播，到底应当认定以何种方式使用了作品，目前有不同的观点。有的观点认为这种传播类似于传统意义上报刊传播作品的方式，属于对作品的复制、发行；有的观点则认为类似于传统意义上电台、电视台传播作品的方式，属于对作品的广播。

手机报之所以称为"报"，从内容和表现形式上看应当更接近于传统的报纸，但其载体和传播方式与传统的报纸不同，载体从纸张变为手机，传播方式则从报纸实物的交换转变为信号的传送和接收。这种载体和传播方式上的差异，使得手机报对于作品的使用在本质上已经不同于传统报纸对于作品的复制、发行行为。

根据《著作权法》的规定，广播权实际控制三种对作品的广播行为，分别为：无线广播、有线转播和公开播放广播。

无线广播是指把构成作品的文字、声音或图像转化成电磁波，通过无线信号传送到远端，由远端的接收装置还原成文字、声音或图像予以播放。随着技术的发展，互联网、广播电视网和电信网开始出现融合的趋势，手机也从传统的通讯工具转变成一种多媒体信息接收设备。手机报作为新兴媒体的一种，其传播作品的方式更符合我国法律及国际条约对广播行为的界定，即不同的手机持有者在其各自选定的地点以无线的方式接收远端发出的固定时间和内容的信号，并在终端进行还原。本案的观点是把手机报作为一种广播行为来理解，进而将广播权拓展到新媒体传播领域。

同时，需要指出的是，虽然《著作权法》第四十三条第二款规定，广播电台、电视台播放他人已发表的作品，可以不经著作权人许可，但应当支付报酬。但该条所适用的主体是特定的，只有广播电台、电视台在播放他人已经发表的作品可以适用法定许可，并非所有主体在广播他人已发表作品时都可以适用法定许可。手机报的发布者是移动通信公司，该公司并非广播电台、电视台，不属于可以适用上述法定许可的主体，因此其在通过手机报广播他人作品时，不论该作品是否发表过，均应征得著作权人的许可，并支付报酬。

第三章
摄影作品的侵权行为

【概述】

根据法律规定,侵权人承担法律责任需要满足以下要件:主观上的过错、违法行为和损害后果以及行为与后果的因果关系。此外,在法律有明文规定的情况下,主观上无过错也要承担法律责任,这属于特殊的侵权行为。

一般来讲,在一个侵权行为中只有一个侵权主体,但在司法实践中,更多的侵权行为是由两者或两者以上共同实施的。比如,在广告侵权案件中,经常要涉及到广告主、广告发布者、广告经营者。在出版业,也会涉及作者、出版社和发行单位。按照我国《侵权责任法》第八条的规定:"二人以上共同实施侵权行为,造成他人损害的,应当承担连带责任"。同时,该法第十一条规定,"二人以上分别实施侵权行为造成同一损害,每个人的侵权行为都足以造成全部损害的,行为人承担连带责任";第十二条规定,"二人以上分别实施侵权行为造成同一损害,能够确定责任大小的,各自承担相应的责任;难以确定责任大小的,平均承担赔偿责任。"

因此,在共同侵权行为中,准确判定数个涉案主体的行为性质,在很大程度上影响着当事人之间权利、义务的分配和法律责任的承担,准确理解和把握这类特殊侵权行为的概念和应用,对于规范摄影作品流通秩序具有重要的意义。

案例 14：
王东升诉叶永烈、作家出版社侵权案
出版社对图书侵权使用照片的行为要承担责任吗？

【案例要旨】

　　出版社与作者构成共同侵权的前提应当是未尽到合理的注意义务。根据现行法律、司法解释的规定，出版者的合理注意义务主要体现在对其出版行为的授权、稿件来源和署名情况以及所编辑出版物的内容等的审查方面。

案情回放

　　1993 年 11 月，叶永烈（以下简称"被告"）所著、作家出版社（以下简称"被告出版社"）出版的《陈伯达传》使用了王东升（以下简称"原告"）拍摄的陈伯达肖像一幅和陈伯达遗体告别仪式现场照片一幅，该书对肖像照片还进行了剪裁。原告以侵犯其著作权为由诉至法院，要求两被告停止侵权，公开登报致歉，支付经济赔偿金 5 万元及律师费。

涉案图书封面

涉案图书封底

法院审理

法院经审理查明，1988 年 11 月，原告在陈伯达病房内拍摄了本案涉及的陈伯达肖像照。同年，原告将该肖像照片一张送给陈伯达之子陈某。1989 年初，在陈伯达在场的情况下，陈某将该照片送与被告。陈某未告诉被告该照片的作者是谁，被告对此也未加询问。

1989 年 9 月 28 日，原告在陈伯达遗体告别仪式上拍摄了本案涉及的告别仪式现场照片，同年 11 月，原告将该照片一张送给陈某，同年陈某寄送给被告。同样，陈某未告诉被告该照片作者是谁，被告亦未询问。1993 年 2 月 28 日，被告出版社与被告在上海签订了《图书出版合同书》，约定：被告将《陈伯达传》交被告出版社出版，被告出版社按照总码洋的 6% 支付版税。同日，在被告家中，被告出版社副总编辑秦文玉从被告收集的照片中选了 100 余张作为图书出版使用，其中为《陈伯达传》一书挑选了 10 余张，包括本案涉及的两张照片。被告未向秦文玉说明上述两张照片的作者是谁，秦文玉亦未询问。1993 年 11 月，被告出版社出版《陈伯达传》。该书封面和封底后勒口使用了上述两张本案涉及的照片，其中封面肖像照被进行了剪裁，该书未标明上述两张照片的作者。1994 年 5 月 10 日，被告给原告汇款 500 元，并于 1994 年 5 月 29 日再次汇款 500 元，被告在信中称其为"表示道歉之意"。

一审法院认为，原告为涉案两张照片的作者，依法享有著作权。被告出版社未经著作权人许可，擅自发表并复制、发行涉案照片，已构成对原告发表权、署名权、使用权和获得报酬权的侵害，应依法承担侵权责任。被告作为《陈伯达传》一书的文字作者，在向被告出版社提供照片时，并未告知涉案照片的来源，足以造成被告出版社误认为涉案两张照片均为被告所摄。虽然被告不知道被告出版社最后决定使用哪几张照片及如何使用，但其实际已知秦文玉挑选照片的目的是为在《陈伯达传》一书中使用。因此，被告在明知上述两张照片有可能被被告出版社使用的情况下，提供包含有原告作品的多张照片让出版社使用，为侵权行为的发生提供了条件。被告提供照片的行为属于共同侵权，对侵权行为的发生应承担一定的责任。判决：1. 被告出版社立即停止侵权行为，删除《陈伯达传》一书中封面和封底后勒口的侵权内容；2. 被告出版社在《北京日报》上刊登赔礼道歉的声明；3. 被告出版社赔偿经原告济损失 2700 元，被告赔偿原告 1000 元。被告不服一审判决提起上诉。

二审法院认为，被告出版社作为出版部门，疏于审查被告提交的摄影作品的版权状态，即将该摄影作品附于文字作品予以出版发行，应属未经著作权人许可，擅自发表、复制、发行他人摄影作品的行为，已构成对原告发表权、署名权、使用权和获得报酬权的侵害。被告作为《陈伯达传》一书的文字作者，在向被告出版社提供照片时，只对其中部分摄影作品做了作者标记，从而使被告出版社在未经严格审查的情况下将涉案两张照片作为被告的摄影作品一并出版、发行，造成了侵害他人著作权的法律后果。鉴于两被告在《陈伯达传》一书的出版、发行过程中均有过错，故应确认二者共同承担民事赔偿责任。据此，二审法院判决：驳回上诉，维持原判。

法律法规

1.《中华人民共和国著作权法》第五十三条：复制品的出版者、制作者不能证明其出版、制作有合法授权的，复制品的发行者或者电影作品或者以类似摄制电影的方法创作的作品、计算机软件、录音录像制品的复制品的出租者不能证明其发行、出租的复制品有合法来源的，应当承担法律责任。

2.《最高人民法院关于审理著作权民事纠纷案件适用法律若干问题的解释》第十九条：出版者、制作者应当对其出版、制作有合法授权承担举证责任，发行者、出租者应当对其发行或者出租的复制品有合法来源承担举证责任。举证不能的，依据著作权法第四十六条、第四十七条的相应规定承担法律责任。

3.《最高人民法院关于审理著作权民事纠纷案件适用法律若干问题的解释》第二十条：出版物侵犯他人著作权的，出版者应当根据其过错、侵权程度及损害后果等承担民事赔偿责任。出版者对其出版行为的授权、稿件来源和署名、所编辑出版物的内容等未尽到合理注意义务的，依据著作权法第四十八条的规定，承担赔偿责任。

评　述

因出版行为导致的著作权侵权案件一直是司法实践中的主要纠纷形式。在此类案件中，作者和出版社之间的责任通常是按照共同侵权的理论进行认定。《中华人民共和国民法通则》第一百三十条规定，二人以上共同侵权造成他人损害的，应当承担连带责任。作为被诉侵权出版物的作者，其往往是直接的行为人，对于出版物中所使用的照片或其他内容的来源及其授权情况应当是明知的。如果未经权利人许可而将他人的照片用于该出版物，且不符合合理使用的情形时，则因其主观上具有过错，客观上实施了未经许可使用他人作品的行为而构成侵权。而出版社作为出版者，其与作者构成共同侵权的前提应当是未尽到合理的注意义务。根据现行法律、司法解释的规定，出版者的合理注意义务主要体现在对其出版行为的授权、稿件来源和署名情况以及所编辑出版物的内容等审查方面。出版者应当与作者本人或者作者合法授权的人签订图书出版合同,如果作者授权的人又将权利转授他人的,出版者应当审查该转授权是否经过作者的认可。此外,出版者还应对其出版物的内容尽到合理注意义务,如果出版物使用了他人已经发表的作品,则出版者还需对所使用的作品的授权情况进行审查,否则也会因此而被认定为没有尽到合理注意义务。

因出版发生的著作权纠纷,通常根据原告的起诉确定被告。对作者或授权者、出版者都提起诉讼的,将作者或授权者和出版者均列为被告。只诉作者或者授权者的,列作者、授权者为被告。只诉出版者的,列出版者为被告;但仅以出版者为被告而无法查明出版者行为是否构成侵权的,原告可以申请追加作者或授权者为被告,此时如果原告坚持只诉出版者,而不申请追加作者或授权者为被告的,则可能承担诉讼请求被驳回的诉讼风险。因此,在因出版发生的著作权纠纷中,权利人应当依法合理地选择被告,以充分维护自身的合法权益。

案例 15：
齐尚敏诉北京青年报社侵权案

广告公司未经许可使用他人的摄影作品做广告，发布广告的媒体也要承担责任吗？

【案例要旨】

广告发布者对广告内容的注意义务应当仅仅限于对相关证明文件以及广告内容是否存在违法进行审查，而不应当扩展至对著作权等进行审查。因此，通常情况下，如果广告发布者不知道广告内容侵犯著作权，且在发布广告前对相关证明文件进行了查验，广告内容又没有其他违反法律规定的情形，就应当认定广告发布者尽到了审查义务，主观上没有过错，不应当承担法律责任。

案情回放

2002 年 7 月 25 日，《北京青年报》（以下简称"被告"）第 8 版上刊登的一则地产广告使用了齐尚敏（以下简称"原告"）的照片，原告以侵犯著作权为由向法院起诉，要求判令被告公开赔礼道歉，并赔偿经济损失、精神损失、误工费等共计 3.5 万元。

涉案报刊

法院审理

法院经审理查明，2002 年 7 月 25 日，被告刊登了一则"使馆新城"的广告，背景使用了原告拍摄的《飞天女神》摄影作品，广告右下角注明"东方博文广告"字样。被告刊登上述广告的依据是北京青年报传媒发展股份有限公司（简称北青报传媒公司）与北京百人行广告有限公司（简称百人行公司）签订的合作协议。该合作协议约定，百人行公司在《北京青年报》上投放其代理的"使馆新城"项目广告，被告为此提供版面。被告刊登上述广告时，对房地产商的营业执照、资质证明、国有土地使用许可证、房屋预售许可证等情况进行了审查。

　　法院认为，被告刊登涉案广告，依据的是北京青年报传媒公司与百人行公司签订的合作协议。该合作协议明确约定，被告仅为"使馆新城"广告提供版面，且原告提交的证据不能证明被告实际设计、制作了该广告，据此可以认定被告仅是涉案广告的发布者。

　　我国《广告法》规定，广告发布者应当依据法律、行政法规查验有关证明文件，核实广告内容；对于内容不实或证明文件不全的广告，不得发布。根据上述规定，广告发布者负有审查的义务。如果广告发布者履行了查验义务，则不再承担侵权责任。同时，根据我国房地产广告发布的有关规定，广告发布者发布房地产广告，应当查验房地产开发企业营业执照、资质证书、项目土地使用权证明、房屋预售许可证明等文件。本案中，被告已经按照上述规定，查验了涉案房地产项目开发商的相关证明文件，尽到了广告发布者的审查义务。由于被告已经履行了广告发布者的审查义务，主观上没有过错，因此其发布涉案广告的行为，并不侵犯原告的著作权。对于原告要求法院对被告进行处罚，及要求被告公开赔礼道歉、赔偿经济损失和精神损失的诉讼请求，不予支持。判决：驳回原告的诉讼请求。

　　双方当事人均服从一审判决，未提起上诉。

法律法规

《中华人民共和国广告法》第二十七条：广告经营者、广告发布者依据法律、行政法规查验有关证明文件，核实广告内容。对内容不实或者证明文件不全的广告，广告经营者不得提供设计、制作、代理服务，广告发布者不得发布。

评　述

广告中常常会使用摄影作品、美术作品等，因此摄影作品、美术作品等一些视觉艺术作品往往是广告的重要组成部分。一些厂商在做广告时，往往擅自将他人的摄影作品、美术作品修改后使用到其广告中。一些广告公司在接受他人委托设计、制作广告内容时，往往从互联网上，甚至一些非法图库中复制一些图片用于设计广告内容。正因为如此，广告内容侵犯他人美术作品、摄影作品的纠纷大量发生。本案即是一例。在广告发布的整个过程中，往往涉及到广告主、广告经营者、广告发布者，在广告内容发生侵权时，他们的法律责任是不一样的。有的案件中，权利人将广告主、广告经营者、广告发布者一并起诉，而有的案件中权利人却只起诉广告发布者。本案即是权利人仅仅起诉广告发布者的案件。本案涉及到的核心问题就是广告发布者发布具有侵权内容的广告时是否承担法律责任。

该问题在《著作权法》中无法找到确切答案。因此，需要从侵权法的一般规定出发，寻找广告法中关于发布者的法律责任。根据侵权法的一般规定，侵权人承担责任需要具备主观过错要件，而主观过错一般以其是否尽到了注意义务进行判断。因此，在判断行为主体是否具有过错时，前提是要确定行为主体的注意义务是什么，再看其是否违反了该注意义务。对于广告发布者的注意义务，我国著作权法律制度中并未给出具体的规定。我国《广告法》第二十七条规定，广告经营者、广告发布者依据法律和行政法规查验有关证明文件，核实广告内容。对内容不实或者证明文件不全的广告，广告经营者不得提供设计、制作、代理服务，广告发布者不得发布。该条规定将广告经营者与广告发布者等量齐观，赋予他们相同的审查义务。但这里的审查义务是对有关证明文件的审查、对广告内容的审查。至于审查什么样的广告内容，并未具体规定，也就是说这里说的广告内容是指违反法律、行政法规和公序良俗的内容，还是也包括侵犯他人著作权的内容，《广告法》并未给出明确的答案。而且对于这种广告内容，广告发布者应当审查到什么程度，是否与广告主、广告经营者一样，《广告法》也未给出确切的答案。根据民法的一般原理，在法律没有明确规定行为主体的注意义务的情况下，应当根据行为人的行为性质、注意能力、自身经营状况等，以诚实信用的原则为指导，具体确定行为人注意义务内容及注意程度。根据广告主、广告经营者、广告发布者的不同，他们的注意内容和注意程度应当有所区别。

广告主是广告所有人，是广告的主导者、受益者，也是广告内容的确定者，从法律上讲，广告中所使用的具体图片等都与其对广告的要求有关，有的甚至是其直接提供图片或者授权广告经营者代为提供图片。广告主对于广告内容无疑应当尽到最严格的审查义务，无论广告内容违法时，还是具有侵犯他人著作权的内容时，均应当承担法律责任。

广告经营者是具体制作广告内容的行为主体，直接加工制作广告内容，应该清楚广告中使用了什么图片，有的广告中所使用的图片甚至是其直接为广告主提供的。广告经营者对于广告中所使用的图片是否侵犯他人的著作权是应该能够审查出来的，因此广告经营者不但审查广告内容是否违法，而且也应当审查广告内容是否侵犯他人的著作权。

广告发布者处于广告发布整个环节的最末端，其作用仅仅在于将已经制作完成的广告发布出去，而对于广告内容的制作、广告内容所使用的素材等均是不掌握的。广告发布者发布某一广告时，该广告已经制作完毕，其接触到的是广告这一完整的作品，而不是其中所使用的摄影作品这一个素材，至于这幅单幅摄影作品是否经过了权利人许可使用，广告发布者已经无从审查。因此，对于广告内容而言，让广告发布者严格审查其中的图片的著作权，失之过严，已经与其审查能力、经营状态等不相适应。因此，我们认为广告发布者对广告内容的注意义务应当仅仅限于对相关证明文件以及广告内容是否有违法内容进行审查，而不应当扩展至对著作权等进行审查。因此，如果广告发布者在发布广告前对相关证明文件进行了查验，且广告内容没有违法内容，就应当认定广告发布者尽到了审查义务，主观上没有过错，不应当承担法律责任。

本案中，原告仅仅起诉了北京青年报社，作为广告发布者，该报社已经按照上述规定查验了涉案房地产项目开发商的相关证明文件，尽到了广告发布者的审查义务，因此主观上没有过错，不应当承担法律责任。

案例 16：
李振盛诉冯骥才、时代文艺出版社、北京牧童之春文化发展有限公司侵权案

文字作者，并没有使用他人的摄影作品，为什么也被判定侵权？

【案例要旨】

插图与文字一起构成了一本图书的统一整体，图书作者应对该书的出版所产生的法律问题承担责任。从常理来看，作者也不可能不知道自己的图书中选用了什么样的插图，如果作者明知涉案图书使用了侵权摄影作品，却采取了放任的态度，则存在主观过错，应承担相应的法律责任。

涉案图书封面

案情回放

2003 年 7 月，由冯骥才（以下简称"被告"）创作、时代文艺出版社出版（以下简称"被告出版社"）、北京牧童之春文化发展有限公司（以下简称"被告公司"）策划编辑的《一百个人的十年》（插图本）》中，未经许可使用了摄影家李振盛（以下简称"原告"）享有著作权的 4 张照片，原告随即以共同侵权为由诉至法院，请求判令三被告停止侵权、赔偿经济损失 4 万元和精神损失 1 万元、支付本案诉讼费和相关合理支出。

法院审理

法院经审理查明，被告所著图书《一百个人的十年》曾于1991年由江苏文艺出版社出版，该书未经许可使用了本案原告在"文革"期间拍摄的两张照片。为此，原告于1993年12月曾起诉本案被告和江苏文艺出版社，该案经江苏省高级人民法院终审判决后，认定被告作为涉案图书的文字作者，对书中使用插图的情况无法定的审核义务，因此不承担法律责任。

2003年6月，本案被告与被告出版社签订了涉案图书《一百个人的十年》（插图本）的出版合同，双方约定，书中所选用插图的版权问题由出版社负责解决。该书于2003年7月出版，并由本案被告出版社和被告公司共同发行，印数5000册，每册定价28元。在该书的第80页、第82页、第88页和第350页使用了本案原告拍摄的4张照片，其中包括"批斗四类分子"、"群众斗群众"、"给黑龙江省长李范五剃鬼头"和"批斗和尚"，均未经作者同意，亦未署名。

诉讼中，原告主张被告对其中3张照片进行了裁剪，侵犯了其对涉案作品享有的修改权和保护作品完整权。

一审法院认为，涉案图书使用了原告享有著作权的4幅摄影作品，且均未署名，亦未支付稿酬，侵犯了原告所享有的上述摄影作品的署名权、复制权、发行权及获得报酬权。涉案图书对所使用的3幅涉案作品擅自进行了裁剪，侵犯了原告对该照片所享有的修改权。被告出版社未尽法定的合理注意义务，应对其出版、发行涉案图书造成的对原告署名权、复制权、发行权、修改权及获得报酬权的侵害，承担相应的民事责任。被告公司与被告出版社联合发行涉案图书，应共同承担民事责任。被告虽然只是涉案图书的文字作者，并在出版合同中约定插图版权问题由出版社解决，但该约定不能对抗所涉插图的权利人；

本案被告在 1993 年时曾与本案原告就相关摄影作品产生过诉讼，江苏省高级人民法院对此也进行过审理，应对其再版图书中的插图涉嫌侵权有所警示。被告在图书再版时仍然选用被告的照片，且未经许可亦未署名，对该侵权行为的产生存在主观过错。

法院判决：三被告停止使用涉案摄影作品、赔礼道歉，共同赔偿原告经济损失 4800 元并赔偿原告合理支出 100 元。被告不服一审判决提起上诉。

二审法院认为，该书的插图与文字一起构成了统一的整体。作为该书的作者，被告应对该书的出版所产生的法律问题负有责任。据此判决：驳回上诉，维持原判。

法律法规

1.《中华人民共和国著作权法》第五十三条：复制品的出版者、制作者不能证明其出版、制作有合法授权的，复制品的发行者或者电影作品或者以类似摄制电影的方法创作的作品、计算机软件、录音录像制品的出租者不能证明其发行、出租的复制品有合法来源的，应当承担法律责任。

2.《最高人民法院关于审理著作权民事纠纷案件适用法律若干问题的解释》第二十条第一款：出版物侵犯他人著作权的，出版者应当根据其过错、侵权程度和损害后果等承担民事赔偿责任。

3.《中华人民共和国民事侵权责任法》第八条：二人以上共同实施侵权行为，造成他人损害的，应当承担连带责任。

评 述

法院在审理本案时需要解决的焦点问题是"图书的文字作者是否对书中所使用的侵权图片承担法律责任"，这也是原被告双方一直争执不下的问题。

的确，在当前的图书出版行业中，文字作者和图片作者往往是分开的，文字作者负责撰稿，图片作者负责提供自己享有著作权的图片。然而，出版社的图书编辑为了使图书更加吸引读者眼球，往往主动去寻找与文字主题相匹配的图片，而文字作者并不知晓图片的来历，更不用说图片的著作权归谁所有，因此经常会被动地卷入到诉讼中来。

本案中，法院在判定被告应如何承担法律责任时主要考虑以下两点：

第一，在事实上，被告无论是否参与过选用插图照片的工作，主观上都应对其图书所选用插图照片的著作权问题负有注意义务。虽然被告仅是本书的文字作者，但是，从外在形式上，他是本书的唯一作者，出版合同中"该书所选用插图的版权问题由出版社解决"的约定不能对抗涉案插图照片的权利人。从法律角度看，一本图书所产生的法律后果首先由该书的作者承担。而且，从常理来看，作者也不可能不知道自己的图书中选用了什么样的插图。

第二，被告明知涉案图书使用了侵权摄影作品，却采取了放任的态度，存在主观过错。这主要体现在，江苏文艺出版社在1993年发行《一百个人的十年》时，本案原告就曾以侵权为由起诉过被告，该案件对被告应当有所警示。10年后，当相同图书再次出版时，被告有义务了解本书中使用原告照片是否取得了本人的许可并为其署名。这种重复侵权行为的发生，足以表明被告对该行为的实施采取了听之任之的主观态度，也就构成了法律上所称的过错，因此，被告应当承担相应的民事责任。

案例 17:
刘磊起诉《中国周刊》社有限公司侵权案

杂志社已向作者支付了稿酬,法院为何判决其再次付酬?

【案例要旨】

根据著作权法的规定,许可使用合同和转让合同中著作权人未明确许可、转让的权利,未经著作权人允许,另一方当事人不得使用。

案情回放

刘磊(以下简称"原告")拍摄了一组以家乡民风为主题的《我的潘庄》系列摄影作品 27 幅,发表在 2011 年第 11 期《中国周刊》。2012 年 5 月,原告发现腾讯网历史频道发布有这组照片且标明来源于"中国周刊",原告遂以侵犯其署名权、信息网络传播权

涉案杂志封面

涉案杂志内页摘选

涉案摄影作品原作之一 刘 磊 摄

为由诉至法院,要求判令《中国周刊》社有限公司(以下简称"被告")停止侵权、公开致歉、赔偿经济损失总计 5 万余元。

法院审理

法院经审理查明,2011 年 11 月 5 日,由本案被告发行的《中国周刊》第 11 期,刊发了《我的潘庄》一文,文、图均署名为本案原告。该文配图使用了原告主张权利的 27 幅摄影作品。另查明,2011 年 11 月 15 日,被告通过转账汇款的方式向原告支付了稿费 2692 元，汇款凭证摘要一栏载明"《中国周刊》2011 年第 11 期稿费。" 2012 年 6 月 12 日，腾讯网（网址 www.qq.com）图片频道以"真实的民间生活故事：我的潘庄"为题使用了原告主张权利的 27 幅涉案作品，未署原告姓名，标注图片来自于被告。原、被告当时并没有签署过摄影作品使用协议，只是以口头约定的方式确定了涉案作品使用有关事宜。

法院认为，根据原告提供的原始照片、《我的潘庄》一文的署名，可以认定原告是涉案作品的著作权人。在本案中，原告认可其授权被告在 2011 年第 11 期《中国周刊》杂志上使用涉案作品，汇款凭证摘要一栏也明确载明被告付给原告的是当期稿费，在没有相反证据情况下，可以认定原告就涉案作品授权被告使用的范围仅限于 2011 年第 11 期《中国周刊》杂志。被告辩称原告当初的授权使用范围包括被告公司官网及合作网站的答辩意见，没有证据支持，法院不予采纳。

一审法院判决被告在腾讯网历史频道向原告公开致歉，赔偿原告经济损失及合理开支共计 7000 元。

原告、被告对一审判决均未提起上诉。

法律法规

1.《中华人民共和国著作权法》第二十四条　使用他人作品应当同著作权人订立许可使用合同，本法规定可以不经许可的除外。

许可使用合同包括下列主要内容：

（一）许可使用的权利种类；

（二）许可使用的权利是专有使用权或者非专有使用权；

（三）许可使用的地域范围、期间；

（四）付酬标准和办法；

（五）违约责任；

（六）双方认为需要约定的其他内容。

2.《中华人民共和国合同法》第十条　当事人订立合同，有书面形式、口头形式和其他形式。法律、行政法规规定采用书面形式的，应当采用书面形式。当事人约定采用书面形式的，应当采用书面形式。

评　述

著作权是一项专有权利，除法律有特殊规定外，未经权利人许可，任何人不得使用他人作品。使用他人作品，应该以合同的形式进行权利义务的约定，合同中应详细列明作品的名称、授权使用的权利种类、使用范围、稿酬、违约责任以及其他双方认为应该包含的内容。按照我国《合同法》的规定，一份合同既可以通过口头签订，也可以书面的形式缔结，只要是双方当事人真实意思的表示，都会受到法律的保护。

在本案中，被告除了在其刊物上发表涉案作品，还将原告作品上传至自己的网站，同时，又以合作的形式授权第三方使用。庭审中，原、被告认可曾以口头的方式就涉案作品的使用进行过约定，但原告否认授权将其作品在网络上传播，同时，被告支付原告稿酬时存留的"汇款凭证"也清楚表明，该稿酬为被告刊物当期稿酬，而被告一方无法提供任何其已经获得授权的证据，更为关键的是，涉案作品出现在了第三方网站，这种使用方式显然是需要经过原告许可的。

此类纠纷在摄影作品的使用过程中大量存在，当事人为了图省事，或者由于其他一些原因，往往订立口头的"君子协定"，但随着人员的流动或者情势的变迁，一些原本清楚的事实变得模糊，由此产生大量的著作权纠纷。在诉讼中，如果缺乏充分、有效的证据，就无法还原一个完整、真实的场景，法院只能根据双方提交的现有证据并依照主观逻辑判断就所争议的事实进行裁判，力求在最大限度上维持一个公平、正义的结果。

第四章
摄影作品著作权的限制

【概述】

　　法律作为一种行为规范，其最为重要的一个功能即是明确社会成员之间的行为界限，合理平衡各方利益。著作权保护的是著作权人的个人权益，但与此同时，著作权法的制定也要有助于文艺作品的传播，同时还要合理兼顾社会公众的文化权益。为此，一些国际公约包括世界各国的著作权法中都不同程度地制定了一些著作权的限制条款，即在一定条件下，使用人可以不经著作权人的同意使用其作品，在某些情况下甚至不需要向作者支付稿酬。

　　上述对著作权的限制条款主要可以分为"法定许可"和"合理使用"两类，在制定限制条款时，必须要遵循国际通行的"三步检验标准"，第一，这种对著作权进行限制的使用方式不是该作品的通常使用方式；第二，这种限制不得与作品的正常使用方式相冲突；第三，这种限制不得不合理地影响到著作权人的合法利益。

　　此外，在摄影著作权的行使过程中，还会出现与其他民事权利相冲突的现象，比如与公民肖像权、名誉权的冲突，这些都对摄影著作权的行使构成了一定的限制，在司法实践中，已经出现了大量的此类法律纠纷。

　　准确把握法律相关规定，合理行使著作权，应该成为摄影人必须掌握的一个常识。

案例 18：
汤加丽诉张旭龙侵权案
为人体模特拍摄的照片能用来发表吗？

【案例要旨】

　　在一幅肖像摄影作品中，被摄者享有肖像权，而摄影者对其拍摄的照片享有著作权。著作权人和肖像权人可以通过合同进行约定，如果无约定或约定不明，则应根据人格权高于著作权的原理，规定著作权人在营利性使用肖像作品时，应事先征得肖像权人许可，并支付相应报酬，否则应视为侵权行为，承担民事责任。

案情回放

　　2004 年 2 月 21 日，汤加丽（以下简称"原告"）在北京劳动大厦礼品部购买了吉林美术出版社出版、张旭龙（以下简称"被告"）所著图书各一套，其中收录原告人体摄影作品 180 余幅，在精装本图书中还附有原告人体写真 VCD 光盘一张。原告以侵犯肖像权、隐私权为由向法院起诉，请求判令被告和吉林美术出版社（以下简称"被告出版社"）停止侵害、公开致歉并连带赔偿经济损失 51.774 万元。

法院审理

　　法院经审理查明，2001 年至 2002 年期间，本案被告为原告拍摄了 20 余组人体写真艺术照片，双方在拍摄期间曾签有四份协议。在 2001 年 3 月 28 日所签订的协议中约定："本次人体拍摄属于创作摄影，供人像摄影等专业学刊发表及展出，本次拍摄的相关各类技术资料归属于摄影师。著作权隶属于摄影师。"在2001年5月15日的拍摄协议中约定："本次人体拍摄隶属于创作，供人像摄影等专业学刊、发表展出及出版⋯⋯"。在2001年8月27日的拍摄协议中，双方约定："本次唐韵及人体摄影隶属于商业摄影。为唐山美洋达婚纱摄影有限公司商业样片的陈列及专业学刊的发表、展出、出版。付与模特费人民币3000元及样照一套。模特授权于摄影师对其肖像权的使用，著作权隶属于摄影师。"在2002年4月8日的拍摄协议中，双方约定"⋯⋯著作权隶属于摄影师。享有作品的首发权、出版权⋯⋯专业人体摄影部分胶片由摄影师带回用于展览及摄影专集的出版。由于拍摄为商业行为，支付模特费用人民币3000元整，样册一本，价值人民币5000元整。模特肖像权的使用归属于摄影师。"

另查明，2002年11月20日，被告（甲方）与被告出版社（乙方）签订《图书出版合同》，双方约定由甲方将涉案的摄影作品交付乙方独家出版并发行，合同有效期自2002年11月12日起至2005年11月12日止。甲方必须向乙方保证：确实拥有本作品的著作权，或依法取得了出版本作品的代理权，乙方可以放弃对本作品著作权合法性之审查。如有第三人足以证明本作品违反著作权法或其他法律、法规，由此导致任何形式的纠纷，甲方愿负全部责任，致乙方经济损失，甲方应予以足额赔偿。

本案争议的焦点是两被告出版图书使用原告肖像的行为是否经过合法授权，以及被告出版社是否履行了审查义务。

在2001年5月15日和2001年8月27日两份拍摄协议中，原告、被告双方明确约定该次拍摄照片可用于专业学刊的发表及出版，而非图书及其他载体，现被告在4本图书中使用原告肖像应视为未经授权，超出了许可使用的范围。被告对于原告所提交的 2001 年 3 月 28 日拍摄协议予以认可，而在该协议中，原告亦仅授权被告可以在人像摄影等专业学刊中发表该次拍摄照片。另，被告以原告为模特拍摄了 20 余组照片，现双方共提交四份拍摄协议且每份拍摄协议中均注明系"本次拍摄"，但双方均不能指明每份拍摄协议中所对应的具体照片，故被告主张其出版摄影专集使用的照片已经原告的授权，难以采信。

被告以营利为目的，未经肖像权人许可使用他人肖像已构成侵权，应承担相应责任。原告要求停止侵权及赔偿损失之诉讼请求，应予支持。具体的赔偿数额可依据被告的侵权方式、侵权后果、主观过错程度和图书定价以及双方在协议中并未约定无偿使用且两被告均未提供图书销售和获利情况等情节酌情判处。

被告出版社与被告签订的《图书出版合同》中约定，出版社可以放弃对作品著作权合法性之审查，可见被告出版社未完全尽到其应尽的审查义务，故应承担连带侵权责任。两被告之间内部约定的责任承担方式难以对抗被告出版社对外应承担的侵权责任。

判决：1. 两被告停止对侵权图书的销售。2. 被告于判决生效后十五日内在《中国摄影家》杂志上书面向原告赔礼道歉，具体致歉内容须经法院核准。3. 被告赔偿原告人民币 30 万元，被告出版社对以上款项承担连带赔偿责任。4. 驳回原告其他诉讼请求。

被告不服一审判决提起上诉。

二审法院认为：一审法院认定被告在书中使用原告部分人体摄影作品的行为构成对原告肖像权的侵害是正确的，故判决：驳回上诉，维持原判。

法律法规

《中华人民共和国民法通则》第一百条：公民享有肖像权，未经本人同意，不得以营利为目的使用公民的肖像。

评述

这个案件的疑难点集中在肖像权和著作权的冲突上，二者都是受法律保护的民事权利，只是被不同法律所保护。对公民肖像权的保护体现在《民法通则》第一百条中，它规定"公民享有肖像权，未经本人同意，不得以营利为目的使用公民的肖像。"摄影家为他人拍摄照片后，被摄者对自己的肖像享有肖像权，而摄影者对其拍摄的作品享有著作权，当两人想分别行使权利时，就会产生权利冲突。

就本案而言，以模特为原型创作的肖像作品，由于著作权属于创作者，所以在著作权的归属问题上不会发生纠纷。可能发生纠纷的是著作权人在使用自己的作品时会侵犯模特的肖像权或隐私权。对于这种冲突，采用的是"双方相互许可制"，双方都享有"一票否决权"——即不管哪方营利性使用肖像作品都须征得对方同意并支付相应报酬。当然，法律可以留给当事人自己去解决，即由著作权人和肖像权人通过合同进行约定。如果无约定或约定不明，则应根据人格权高于著作权的原理，规定著作权人在营利性使用肖像作品时，应事先征得肖像权人许可，并支付相应报酬，否则应视为侵权行为，承担民事责任。

这类冲突最早起源于影楼的橱窗展示，被摄者以影楼未经许可，侵犯其肖像权为由而引发的纠纷。国家版权局《关于对影楼拍摄的照片有无著作权的答复》中规定，"由于照片还可能涉及顾客的肖像权，因此影楼在行使著作权时应遵守《民法通则》第一百条的规定，即营利性使用照片，须事先取得肖像权人的许可。"

案例 19:
中国摄影著作权协会诉北京市京隆堂医药有限公司以及该公司崇文门分店侵权案

为什么公益性使用他人摄影作品也需要付费?

【案例要旨】

　　未经许可,以所谓公益性为目的使用他人摄影作品仍将承担赔偿责任。在司法实践中,如果被告没有直接从作品的使用中获取经济利益,可以基于主观上过错较轻,而确定一个相对较低的赔偿数额。

案情回放

　　2010 年 5 月,京隆堂医药有限公司以及该公司崇文门分店(以下简称"被告")将著名摄影家解海龙的两幅摄影作品印制成大幅宣传画,放置在药店内从事药品促销活动,该作品为"希望工程"知名摄影作品。中国摄影著作权协会(以下简称"原告")随即以侵犯其会员复制权为由向法院提起了诉讼,要求两被告赔偿经济损失 20 万元。

涉案宣传画

涉案摄影作品原作之一 解海龙 摄

涉案摄影作品原作之二 解海龙 摄

法院审理

法院经审理查明，两被告在其经营场所悬挂印制有涉案摄影作品的招贴画，在招贴画上部为"致尊敬的广大客户：2010年5月吉祥中国组委会授予我单位为公益慈善指定捐助单位。自即日起，京隆堂医药连锁有限公司决定如下：1.……2.……"。经比对，该招贴画中的两张照片与《中国希望工程摄影纪实》画册中的两幅摄影作品相同，作者为解海龙。

另查明："吉祥中国共建和谐社会"大型公益捐助活动由中国扶贫开发协会、北京晚报社、西藏自治区民族团结发展促进协会主办，由"吉祥中国共建和谐社会"大型公益活动组委会承办。2011年5月，该组委会委托北京市京隆堂医药连锁有限公司董事长杨继广全权负责该项目的实施。同年5月9日，被告公司下发《通知》，决定京隆堂崇文门店为慈善活动的参与门店，活动时间为12个月（自2011年5月10日至2012年5月9日），在崇文门店设立捐款箱，活动结束后将全部捐款上交吉祥中国组委会，并在活动截止日将崇文门店净利润的10%上交吉祥中国组委会。

在审理中，被告辩称：侵权招贴画系委托专业广告公司制作，且使用原告作品的行为是为了宣传公益活动，非营利行为，并未给原告造成经济损失，故不同意原告的诉讼请求。

法院认为，京隆堂崇文门店使用涉案作品制作成宣传画，悬挂于店内为药品销售进行宣传，该使用行为未经原告许可，侵犯了原告对其托管的涉案作品所享有的复制权。被告辩称其使用涉案作品的目的是为了公益宣传，但即使被告确系开展公益宣传活动，其擅自使用他人作品用于宣传的行为也应承担相应的法律责任。被告关于公益性使用可以免责的主张，缺乏相应的法律依据。何况本案证据显示，"吉祥中国共建和谐社会"大型公益活动组委会实际委托的项目负责人为北京市京隆堂医药连锁有限公司董事长杨继广个人，而非京隆堂公司或京隆堂崇文门店，二被告自认为是该公益活动的承办单位，其使用涉案作品的性质为公益性使用的辩解，本院不予采信。

法院结合涉案作品的知名度、艺术文化价值、社会影响力和被告过错程度以及侵权行为的范围、后果等因素，并考虑到被告使用涉案作品进行宣传时间较短且仅用于在店内的宣传，并未给原告造成不良社会影响。判决：被告赔偿原告经济损失人民币2万元及诉讼合理支出2500元。

一审判决后，各方当事人均未提起上诉。

法律法规

《中华人民共和国著作权法》第十条：复制权，即以印刷、复印、拓印、录音、录像、翻录、翻拍等方式将作品制作一份或者多份的权利。

评　述

著作权是归属于权利人的专有权利。著作权的各项专有权利所控制的行为只能由著作权人及其授权的人实施。他人未经许可实施受专有权利控制的行为，如果没有法定许可、合理使用等特殊事由，即可认定为侵权行为。因此，著作权侵权认定规则是"接触加实质性近似"规则。在该规则中并无"商业性使用"的要件，即商业性使用并不是侵犯著作权的条件。所以，在侵权构成的认定上无需考虑被告是否商业性使用这个问题。在实践中，很多被告往往以其并未商业使用为由进行抗辩。这说明，很多人对著作权侵权认定规则理解有误，这一点尤其是应当注意的。但是商业性使用的因素在侵犯著作权的案件中是不是毫无意义呢？也不是。商业性使用行为在确定被告方要承担的法律责任时比较重要。如果被告对作品进行了商业使用，说明被告利用涉案作品进行了盈利，或者有盈利的主观意图，在无法查明原告的损失和被告的获利数额而适用法定赔偿规则确定赔偿数额时，可以据此确定一个较高数额的赔偿。如果被告对作品的使用不是商业性使用，说明被告并未据此获得了利益，主观上过错也较轻，可以据此确定一个较低数额的赔偿。因此，是否商业性使用在适用法定赔偿规则时，对于赔偿数额的确定有至关重要的作用。本案中，原告的损失和被告的获利都无法查清楚，法院实际上是适用了法定赔偿规则。在确定具体赔偿数额时，法院没有简单地参照我国相关的美术作品稿酬规定，显然是将被告商业性使用作为重要的考虑因素，就此确定了 2 万元的赔偿数额。

案例 20：
唐大柏诉北京华辰拍卖有限公司侵权案
拍卖公司未经许可使用我的摄影作品制作图录为何不算侵权？

【案例要旨】

拍卖公司在注明了作者、作品名称等情况下，将拟拍卖的摄影作品编入拍卖图录并在网站中展示该图录的行为属于对拍品介绍性的使用，符合著作权法关于对作品"合理使用"的规定，不需要取得作者的同意，亦不需要支付稿酬。

案情回放

2006 年 10 月，北京华辰拍卖有限公司（以下简称"被告"）编辑出版的《影像艺术》图录中收入了唐大柏（以下简称"原告"）拍摄的题目为《大地图案》的摄影作品，且在网址为 www.huachenauctions.com 的网页上对图录内

涉案网页

容进行了展示。原告以侵犯其摄影作品著作权为由诉至法院，要求被告停止侵权、赔礼道歉并支付稿酬、精神损害共 1.8 万元及其他合理支出。

涉案摄影作品原作　唐大柏 摄

法院审理

　　法院审理后认为，被告制作拍卖图录的目的在于向潜在的竞拍者赠送，图录虽在相关网页上呈现，但网页中并无广告等营利内容，且该图录亦未定价。被告在拍卖图录和网页上使用原告作品的行为应属于提供拍卖标的及相关资料，用于介绍被拍卖照片的内容，因此不构成侵权。被告在网页上展示涉案照片的高清晰图像并提供下载服务，不属于介绍性的使用，但原告对此行为并未进行公证，证据不足。判决：驳回原告的全部诉讼请求。

　　双方当事人均未提起上诉。

法律法规

　　《中华人民共和国著作权法》第二十二条第一款第(二)项：

在下列情况下使用作品，可以不经著作权人许可，不向其支付报酬，但应当指明作者姓名、作品名称，并且不得侵犯著作权人依照本法享有的其他权利：……（二）为介绍、评论某一作品或者说明某一问题，在作品中适当引用他人已经发表的作品。……

评　述

拍卖是指以公开竞价的形式，将特定物品或者财产权利转让给最高应价者的买卖方式，拍卖人在拍卖前须展示拍卖标的并提供查看拍卖物的条件及相关资料。由此，在拍卖摄影作品时，为了取得最高的竞价，必须对其进行必要的介绍。

鉴于摄影作品是指借助器械在感光材料或者其他介质上记录客观物体形象的艺术作品，因此关于拍卖照片的介绍不可避免地需再现照片的内容，但这种再现不应替代或超越照片的价值。因此，被告出于介绍其拍品的目的，在注明了作者、作品名称等情况下，将原告的作品编入拍卖图录并在网站中展示的行为符合我国《著作权法》关于对作品合理使用的规定，属于合理使用的范畴。

被告在其网站上展示高清晰《大地图案》图像并提供下载的行为，不属于对拍卖作品介绍性的使用，超出了我国《著作权法》关于对作品合理使用的规定，因此不属于合理使用的范畴。但原告仅对被告网站页面进行了公证，并未对高清晰照片的展示及下载行为进行证据保全公证，在被告未予认可的情况下，无法据此说明被告的网页上展示了涉案的高清晰照片，进而无法确认该公司侵犯了原告照片的著作权。

案例 21：
丁长禄诉张家口市人民政府、函件广告局、国家邮政局侵权案

邮政局这样的行为是在"执行国家公务"吗？

【案例要旨】

执行公务的行为首先要具有立法、司法、行政、执法等履行职责的基本外在表现形式，同时要有严格的法律依据。国家机构出于宣传企业形象、产品而不是基于国家利益和公众利益为目的发行侵权产品，应承担相应的民事责任。

案情回放

2000 年 1 月初，丁长禄（以下简称"原告"）发现张家口市人民政府（以下简称"被告人民政府"）、函件广告局（以下简称"被告广告局"）、国家邮政局（以下简称"被告邮政局"）未经许可，在其制作发行的明信片中使用了原告拍摄的题名为《大好河山》的摄影作品，并在使用中对该作品进行了剪裁和添附，破坏了作品的完整性。原告遂向法院起诉，要求三被告停止侵权、赔礼道歉并赔偿损失。

法院审理

在审理中，被告辩称其发行普通邮资明信片是履行政府职能，系执行国家公务的行为，根据我国《著作权法》的规定，可以不经作者许可和支付报酬；此外，被告还向原告支付了 30

元的报酬，更不存在侵权行为，请求法院驳回原告的诉讼请求。

一审法院认为，发行、印制明信片，并非法律规定的政府职能，被告人民政府发行明信片与其履行政府职能无关，故其关于"发行明信片是执行国家公务的行为，不必征得作者同意，不用支付稿酬"的抗辩理由，法院不予采信。被告人民政府虽向原告支付了 30 元稿酬，但数额明显偏低，原告领取 30 元稿酬的行为，不能视为对该稿酬标准的认可。被告人民政府在未经原告许可的情况下，对该摄影作品进行修改及未给原告署名的行为，侵犯了作者对该摄影作品所享有的修改权和署名权，应承担相应的民事责任。被告邮政局作为 2000 年贺年（有奖）明信片的发行者，并且在该明信片上亦注明"国家邮政局发行"，应对该明信片所涉及的著作权问题与被告人民政府共同承担民事责任。判决：被告人民政府、被告邮政局向原告支付稿酬 1590 元。

被告不服一审判决，提起上诉。

二审法院认为：根据国务院办公厅关于《印发国家邮政局职能配置内设机构和人员编制规定的通知》（国办发〔1998〕97 号文），被告邮政局主管全国邮政行业以及邮政企业，其既是行政机构，又是公用企业，既有对全国邮政管理的职能，又要负责建设和经营全国邮政网，承担全国普遍服务义务，因此，被告邮政局兼具行业行政管理和企业经营的双重职能。广告明信片业务是利用邮政主管部门发行的普通邮资明信片为媒介，通过邮政渠道宣传企业形象、产品及其他商务活动的具有广告性质的一种邮政新业务。按照我国法律，邮资广告明信片属于函件业务，只有被告邮政局具有发行的职能，虽然被告邮政局发行明信片是履行国家赋予的行政职能，但该行为不是基于国家和公众利益在其研究问题、制定政策、实施管理等执行公务中的使用，而是通过其发行的普通邮资明信片为媒介，宣传企业形象、产品等具有广告性质的商务行为，当因其在商务活动中的经营行为侵犯他人的合法权益时应承担相应的民事责任。其在上诉中所称"发行广告明信片并予以注明是履行政府职能，不应对因明信片上的摄影作品侵犯原告的著作权承担民事责任"的主张，与有关法律相悖。判决：驳回上诉，维持原判。

法律法规

1.《中华人民共和国著作权法》第十条：著作权包括下列人身权和财产权：……（二）署名权，即表明作者身份，在作品上署名的权利；（三）修改权，即修改或者授权他人修改作品的权利；……（五）复制权，即以印刷、复印、拓印、录音、录像、翻录、翻拍等方式将作品制作一份或者多份的权利；……

著作权人可以许可他人行使前款第（五）项至第（十七）项规定的权利，并依照约定或者本法有关规定获得报酬。 著作权人可以全部或者部分转让本条第一款第（五）项至第（十七）项规定的权利，并依照约定或者本法有关规定获得报酬。

2.《中华人民共和国著作权法》第二十二条：在下列情况下使用作品，可以不经著作权人许可，不向其支付报酬，但应当指明作者姓名、作品名称，并且不得侵犯著作权人依照本法享有的其他权利：……（七）国家机关为执行公务在合理范围内使用已经发表的作品；

……前款规定适用于对出版者、表演者、录音录像制作者、广播电台、电视台的权利的限制。

3.《印发国家邮政局职能配置内设机构和人员编制规定的

通知》：一、职能调整……（二）国家邮政局既是行政机构，又是公用企业；既要加强对全国邮政行业的管理职能以维护国家利益和用户权益，又要负责统一建设和经营全国邮政网，承担全国普遍服务义务。……二、主要职责根据上述职能调整，国家邮政局的主要职责是：……（五）发行邮资凭证；……

评　述

著作权法具有双重身份，一方面要保护作者及其他著作权人对作品利用所享有的专有权利不受侵害，另一方面也要促进高质量的作品得以产生并得以传播，从而保障文化繁荣的公共利益的实现。因此，合理使用制度应运而生。我国《著作权法》第二十二条列举了12种可能构成合理使用的情形，本案便涉及其中的第七项即对"国家机关公务性使用"如何认定的问题。我们认为，若以该条款抗辩应当符合以下条件：

1. 被诉侵权行为的主体应当是国家机关。

对于"国家机关"范围的认定，我国《著作权法》及相关的司法解释没有明确规定。而我国《宪法》在第三章第一节至第七节则以列举的方式列明了我国的国家机构，包括立法、行政、司法等机关。行政机关是指依宪法或行政组织法的规定而设置的行使国家行政职能的国家机关，该行政职能包括保障国家安全、维护社会秩序、保障和促进经济发展、保障和促进文化进步、健全和发展社会保障和社会福利等。鉴于此，我们认为，对于国家机关范围可以依照《宪法》及《行政组织法》的规定，凡能够代表公民行使公共权利谋取公共利益的各级国家机关均可以作为合理使用的主体，包括立法、行政、司法、军事机关等。

在本案中，国家邮政局、张家口市政府均具有行使国家行政职能的作用，符合国家机关的条件。当然，政企分开后从事原国家邮政局企业职能的中国邮政集团公司是不符合该条件的。

2. 被诉侵权的行为应当是执行公务的行为。

执行公务是各级国家机关合理使用他人作品的必要条件，也是目前司法实践中备受争议的法律术语。何谓执行公务，按照通说是指国家机关工作人员依照法律、法规和其有关规定履行职责的行为。唐德华认为，"执行公务指为了立法、司法、执法的目的……那些负责宣传教育的部门，不应以'执行公务'为名，随意使用他人作品"。我们认为，衡量一个国家机关的行为是否是执行公务的行为，应当以其是否具有立法、司法、执法等履行职责的基本外在表现形式，并且是否有严格的法律依据为判断标准。

具体到本案，改制前的国家邮政局依据《印发国家邮政局职能配置内设机构和人员编制规定的通知》的规定，其具有发行邮资凭证的政府职能，所以本案中其发行涉案的明信片的行为应当是执行公务的行为。

3. 被诉侵权行为应当符合"三步检验标准"的规定。

即便被诉侵权行为系国家机关执行公务的行为，但其未必一定能够适用合理使用条款免责，理由是其还应当符合"三步检验标准"的规定。

《伯尔尼公约》、《与贸易有关的知识产权协议》和《世界知识产权组织版权条约》均明确规定了"三步检验标准"，即只能在特殊情况下作出、与作品的正常利用不相冲突、没有无理损害权利人合法权益。鉴于我国已加入上述三条约，故应当履行遵守"三步检验标准"的义务。同时，我国《著作权法实施条例》第二十一条规定：依照著作权法有关规定，使用可以不经著作权人许可的已经发表的作品的，不得影响该作品的正常使用，也不得不合理地损害著作权人的合法利益。

在本案中，被告邮政局尽管具有发行明信片的政府职能，但是该行为并非在特殊情况下作出，是不符合"三步检验标准"规定的。具体而言，一方面，其在发行明信片之前，应当具备与著作权人签订作品许可使用合同的条件，另一方面，其发行明信片的行为并非基于公共利益的行为，而是以明信片为载体宣传企业形象、产品等具有广告性质的营利性的商业行为，该行为并不具有必须在某个时间点做出的特殊性。

之所以要强调被告邮政局发行明信片的行为是否基于公共利益这一因素，是因为著作权必须最终服务于更为重要的社会利益，如果被告邮政局发行明信片系基于公共利益，那么其使用被控侵权作品就可能免责。事实上，美国《版权法》第107条判断合理使用的四条标准中的第一项因素便是"使用的目的和性质，包括这种使用是否有商业性质或者是为了非营利性的教育目的"，而判断使用的目的和性质是什么，最大的参考因素即是公共利益。我国《著作权法》第四条亦有规定，著作权人行使著作权，不得违反宪法和法律，不得损害社会公共利益。这也是维护著作权人私人利益与社会公共利益的平衡的重要体现。

如果被控侵权行为能够有助于在更大领域的智力创造并促进著作权制度的不断完善，有利于非营利性质的活动特别是研究问题、制定政策、实施管理、教育研究等开展，那么该行为是符合公共利益的，国家机关在这种特殊的情况下是有可能因"合理使用"而免责的。正如在"何平诉教育部考试中心著作权侵权纠纷一案"中，北京市海淀区法院认为教育部考试中心采用何平的摄影作品命题是基于公共利益执行公务的行为，系合理使用。

　　退一步讲，即便被告邮政局发行明信片的行为是在特殊情况下作出的，亦不构成合理使用，原因在于被告邮政局无理损害了著作权人的合法权益，进而不符合"三步检验标准"的规定。具体而言，一方面，其发行明信片并未对涉案作品署名，且未署名的行为没有合理的理由，亦无明确的法律免责事由，故严重侵犯了著作权人的署名权。另一方面，被告在涉案摄影作品的右上方约占整幅画面四分之一的篇幅上，绘制了一条龙，破坏了该摄影作品的整体效果，在未经过著作权人同意且该修改并无正当理由亦无明确的法律免责事由的情况下，严重侵犯了著作权人的修改权和保持作品完整权。鉴于此，我们认为被告邮政局发行涉案明信片的行为无理损害了著作权人的三项合法权益，是不符合"三步检验标准"规定的。

案例 22:
李海泉诉中国工商银行北京分行侵权案
什么是摄影作品的"合理使用"?

> **【案例要旨】**
>
> 　　国家机关为执行公务在合理范围内使用他人作品时,需要满足以下条件。第一,从行为主体看,应当属于国家机关。第二,应是执行公务的行为。最后,必须在一定范围内合理使用。

案情回放

　　1995 年,李海泉(以下简称"原告")创作了名为《安慧桥全景》的摄影作品。1999 年 4 月,中国工商银行北京分行(以下简称

涉案交通卡

"被告")未经许可,将《安慧桥全景》照片中的一根高杆灯删除后作为交通卡的正面图案使用。原告遂以侵犯著作权为由诉至法院,要求判令被告停止侵权并赔偿经济损失 120 万元。

法院审理

　　法院审理中,被告辩称:涉案牡丹交通卡是北京市人民政

涉案摄影作品原作 李海泉 摄

府批准，由北京市公安交通管理局经与被告合作开发的一种集成电路智能信息卡，具有交通管理和金融服务双重功能。为了突出公安交通管理的主题，便于交通民警和机动车驾驶员识别，在该卡正面使用了涉案照片。此行为属于"国家机关为执行公务使用已经发表的作品"的情形，依法"可以不经著作权人许可，不向其支付报酬"，因此并未侵犯原告的著作权。

一审法院认为，本案涉及的《安慧桥全景》照片系原告独立创作完成，原告依法享有著作权。被告未经许可，在其发放的牡丹交通卡上使用原告作品且未署名，也未支付报酬，侵犯了原告的署名权、使用权和获得报酬权，应依法承担停止侵权、赔礼道歉和赔偿损失的责任。被告提出"使用原告摄影作品属国家机关执行公务，不构成侵权"的说法，没有法律依据。被告在使用过程中将原告作品中的灯柱删除的行为不属于著作权法意义上的修改，没有歪曲、篡改原告作品的主题思想，故原告主张被告侵犯其修改权和保护作品完整权的说法，缺乏事实和法律依据，法院不予支持。

判决：被告自判决生效之日起不得再发放印制有涉案作品的牡丹交通卡，并在《北京青年报》上向原告赔礼道歉、消除影响，赔偿原告人民币 31815 元。

被告不服一审判决提起上诉。在二审法院的主持下双方达成了和解协议。

法律法规

1.《中华人民共和国著作权法》第十条：著作权包括下列人身权和财产权：

……

（四）保护作品完整权，即保护作品不受歪曲、篡改的权利；

（五）复制权，即以印刷、复印、拓印、录音、录像、翻录、翻拍等方式将作品制作一份或者多份的权利；

（六）发行权，即以出售或者赠与方式向公众提供作品的原件或者复制件的权利；

……

著作权人可以许可他人行使前款第（五）项至第（十七）项规定的权利，并依照约定或者本法有关规定获得报酬。

著作权人可以全部或者部分转让本条第一款第（五）项至第（十七）项规定的权利，并依照约定或者本法有关规定获得报酬。

2.《中华人民共和国著作权法》第二十二条：在下列情况下使用作品，可以不经著作权人许可，不向其支付报酬，但应当指明作者姓名、作品名称，并且不得侵犯著作权人依照本法享有的其他权利：

……

（七）国家机关为执行公务在合理范围内使用已经发表的作品；

……

3.《中华人民共和国著作权法》第四十七条：有下列侵权行为的，应当根据情况，承担停止侵害、消除影响、赔礼道歉、赔偿损失等民事责任：

……

（四）歪曲、篡改他人作品的；

（五）剽窃他人作品的；

……

（七）使用他人作品，应当支付报酬而未支付的；

……

（十一）其他侵犯著作权以及与著作权有关的权益的行为。

4.《中华人民共和国著作权法实施条例》第二十一条：依照著作权法有关规定，使用可以不经著作权人许可的已经发表的作品的，不得影响该作品的正常使用，也不得不合理地损害著作权人的合法利益。

评　述

在著作权纠纷中，通常需要解决的法律问题主要包括：涉案权利客体是否构成著作权法意义上的作品，著作权的权利归属（即作者的确定），被告的行为是否构成侵犯著作权，被告的侵权行为是否有免责事由，被告侵权责任的具体承担方式，赔偿数额的确定，等等。

本案中，原告所拍摄的《安慧立交桥》属于我国著作权法所规定的摄影作品，原告作为该作品的作者，依法享有著作权。被告亦认可其在制作牡丹交通卡时使用了涉案作品，但认为其与北京市公安交通管理局共同开发、制作、发放牡丹卡的行为是一种行政行为，"可以不经著作权人的许可，不向其支付报酬"。因此，本案的关键问题在于，被告的行为是否属于"国家机关执行公务的行为"，是否构成对原告作品的"合理使用"。

在著作权法中，合理使用是对著作权的一种法定限制，旨在维护社会公共利益。从立法目的上看，著作权法既保护著作权人的合法权益，激发作者创作作品的积极性，又要使被创作出的各类成果发挥其最大的社会效益，促进整个社会的文化繁荣，合理使用即成为平衡著作权人和社会公众利益的调节器。我国《著作权法》第二十二条具体规定了合理使用的几种法定情形，符合这些条件的，使用者可以不经著作权人许可，不向其支付报酬，但应当指明作者姓名、作品名称，并且不得侵犯著作权人依照该法享有的其他权利。《著作权法实施条例》的第二十一条对合理使用作了进一步的限制，上述可以不经著作权人许可使用已经发表的作品的情形，不得影响该作品的正常使用，也不得不合理地损害著作权人的合法利益。

本案被告抗辩的法律依据为我国《著作权法》第二十二条第二款……

第（七）项"国家机关为执行公务在合理范围内使用已经发表的作品"，

……即被告认为牡丹交通卡的发行者实际为北京市公安交通管理局，其发行牡丹交通卡的行为属于该条款所指的"国家机关执行公务的行为"，因此被告在制作牡丹交通卡的过程中使用原告的作品，属于著作权法上的合理使用，可以不经著作权人许可。然而,本案中被告的上述抗辩理由并未得到法院支持。

在司法实务中,判断行为人使用已发表作品的行为是否构成"国家机关为执行公务在合理范围内使用已经发表的作品"时,需要符合以下构成要件。第一,从行为主体看,应当属于国家机关。通常说来,国家机关应仅指立法、行政、司法机关、法律监督机关和军事机关,在特殊情况下,也可以扩展至上述国家机关委托的其他主体。第二,涉案行为应是执行公务。依据我国行政法的相关规定,执行公务的主体必须是国家机关或者国家机关委托的其他主体,这种委托必须具有法律依据。但在本案中,被告和北京市交通管理局合作开发牡丹交通卡的行为从性质上更接近行政合同,而非具体行政行为,也没有行政相对人,因此并不属于执行公务。其次,为执行公务而合理使用他人作品,这种使用应当是执行公务所必需的,如果对作品的使用非实现行政目的所必要,则不能认定为合理使用。本案中,被告使用涉案摄影作品,显然不是制作交通卡的唯一选择,因此不能认定为合理使用。最后,合理使用必须有合理限制,即使是国家机关为执行公务使用他人享有著作权的作品也必须合理,必须是在一定范围内使用。从我国《著作权法》及其实施条例对合理使用的规定来看,合理使用是指不付报酬、不经许可的使用,但这种使用应当指明作者姓名、作品名称,并且,不得影响该作品的正常使用,亦不得侵犯著作权人依照本法享有的其他权利。

综上所述,一审法院对本案关键问题的认定是正确的,本案被告未经原告许可,在牡丹交通卡的封面上使用涉案作品的行为,不属于我国《著作权法》所规定的合理使用的情形,构成对原告著作权的侵犯,应当承担相应的民事责任。

案例 23：
中国摄影著作权协会诉北京阿里巴巴信息技术有限公司侵权案

"网民上传"不一定能成为网络服务商的"保护伞"。

【案例要旨】

网络接入服务商、信息存储空间服务提供商、搜索链接服务提供商在满足法律规定的条件下，可以免除赔偿责任，这些法律条款被统称为"避风港"原则。在具体案件中，如果被告方想援引"避风港"原则免除赔偿责任，必须首先证明自己确实是提供技术中介服务的网络服务提供商而不是直接上传了作品。

案情回放

欧阳星凯是中国摄影著作权协会（以下简称"原告"）的会员，创作了《洪江》系列摄影作品。2010 年 8 月，北京阿里巴巴信息技术有限公司（以下简称"被告"）未经许可，擅自将 31 幅《洪江》摄影作品上载到其经营的中国雅虎网上供用户浏览。2011 年初，原告向法院起诉，要求判令被告停止侵权、赔偿经济损失及合理支出 10 万元。

涉案网页

涉案摄影作品原作　欧阳星凯 摄

涉案网页

涉案摄影作品原作 欧阳星凯 摄

涉案网页

涉案摄影作品原作 欧阳星凯 摄

涉案网页

涉案摄影作品原作 欧阳星凯 摄

涉案网页

涉案摄影作品原作 欧阳星凯 摄

涉案网页　　涉案摄影作品原作　欧阳星凯 摄

涉案网页　　涉案摄影作品原作　欧阳星凯 摄

涉案网页　　涉案摄影作品原作　欧阳星凯 摄

涉案网页　　涉案摄影作品原作　欧阳星凯 摄

涉案网页

涉案摄影作品原作 欧阳星凯 摄

涉案网页

涉案摄影作品原作 欧阳星凯 摄

涉案网页

涉案摄影作品原作 欧阳星凯 摄

涉案网页

涉案摄影作品原作 欧阳星凯 摄

涉案网页 涉案摄影作品原作 欧阳星凯 摄

涉案网页

涉案摄影作品原作 欧阳星凯 摄

法院审理

法院经审理查明，2010 年 5 月，中国民族摄影艺术出版社出版发行了欧阳星凯的名为《洪江》的个人摄影作品集，其中收录有本案原告主张权利的涉案 31 幅摄影作品。域名为 cn.yahoo.com 的中国雅虎网是被告公司所有并经营的网站。该网站中"资讯"下的"画报"栏目显示了涉案的 31 幅作品，该

31 幅作品的下方均显示有"上传人：zhang_hua301@yahoo.cn"字样。被告认为其针对涉案图片提供的是信息存储空间服务，涉案图片是网络用户上传的。被告接到本案诉状后已经删除了涉案 31 幅摄影作品。

一审法院认为，根据摄影作品集《洪江》上的署名，可以确认欧阳星凯是涉案 31 幅摄影作品的作者，享有该 31 幅摄影作品的著作权。

本案争议焦点在于被告针对中国雅虎网上传播的涉案 31 幅摄影作品提供的是信息存储空间服务，还是其直接上传了涉案 31 幅摄影作品从而直接实施了信息网络传播行为。尽管被告持有的《电信与信息服务业务经营许可证》上载明中国雅虎网的业务内容含有 BBS 业务，但不能仅据此认定中国雅虎网上传播的内容即为他人上传，其仅提供了信息存储空间服务，而是应当结合案件具体情况判断被告针对涉案被控侵权的具体内容是否提供了信息存储空间服务，且被告应当对其主张的提供信息存储空间服务的事实负担举证责任，并承担举证不能的不利后果。通过被告提供的第 10612 号公证书记载的对"侠客"的介绍以及第 10613 号公证书记载的注册"侠客"并发布内容为"公证保全"的文章过程来看，可以确认被告所经营的中国雅虎网上的"侠客"平台确实是信息储存空间，被告通过该平台所提供的服务确实是提供信息存储空间服务。但本案中，原告所公证的涉案 31 幅摄影作品显然是存储在中国雅虎网的"资讯"下面的"画报"栏目。尽管该 31 幅摄影作品下方显示有上传人及显示该 31 幅摄影作品的页面上显示有"写侠客文章 加入侠客 侠客帮助"字样，但被告并未举证证明"画报"栏目与"侠客"是什么关系，即未举证证明通过"侠客"平台所发布的内容是否会存储在"画报"栏目下，也即"画报"栏目下的内容是否通过点击页面上显示的"写侠客文章"发布的。被告又认可其网站上显示的资讯、财经等栏目中的内容有的是网络用户通过"侠客"平台自行发布的，有的是被告自己上传的。尽管被告解释认为显示有上传人的内容是网络用户上传，但对此并未提供充分的证据，且也未合理排除被告公司自己上传的作品中一定不会显示有上传人信息。更为重要的是，显示涉案 31 幅摄影作品的网址为 http://news.cn.yahoo.com/newspic/news/7796/……/，而被告提供的第 10613 号公证书记载的通过"侠客"平台发布内容为"公证保全"的文章后所显示的网页的网址为 http://yxk.cn.yahoo.com/writer/post_do.php，两者并不一致。尽管被告解释该发布的文章尚需编辑审核，但其也未举证证明编辑审核后所显示的网页的网址是什么，是否与显示涉案 31 幅摄影作品的页面的网址一致。而（2009）二中民终字第 11405 号判决书所查明的事实显示通过"侠客"平台所发布的涉案被控侵权内容是通过在地址栏输入"xk.cn.yahoo./articles/081016/1/e0hp.html"后找到的，该输入的内容与本案中显示涉案 31 幅摄影作品的网页的网址也是明显不同。综上，尽管可以确认中国雅虎网上的"侠客"平台是一个信息存储空间，被告通过该平台提供的是信息存储空间服务，但涉案 31 幅摄影作品下方显示有上传人及页面显示有"写侠客文章 加入侠客 侠客帮助"字样的情况不足以证明该 31 幅摄影作品确为网络用户通过"侠客"平台上传，且被告提供的证据也不足以证明这一事实。故本院对被告提出的其针对涉案 31 幅摄影作品提供的仅为信息存储空间服务的答辩意见不予支持。在此情况下，法院认定中国雅虎网上传播的涉案 31 幅摄影作品是被告上传。

被告未经许可擅自在其经营的中国雅虎网上传播原告管理的涉案 31 幅摄影作品，使公众可在个人自行选定的时间和地点获得该 31 幅摄影作品，侵犯了权利人对该 31 幅摄影作品享有的信息网络传播权，应当承担侵权法律责任。判决：被告赔偿原告经济损失 4.65 万元及合理费用 2340 元。

被告不服一审判决提起上诉，二审法院经审理判决：驳回上诉、维持原判。

法律法规

1.《中华人民共和国著作权法》第十条：著作权包括下列人身权和财产权：……（十二）信息网络传播权，即以有线或者无线方式向公众提供作品，使公众可以在其个人选定的时间和地点获得作品的权利；

2.《信息网络传播权保护条例》第二十二条：网络服务提供者为服务对象提供信息存储空间，供服务对象通过信息网络向公众提供作品、表演、录音录像制品，并具备下列条件的，不承担赔偿责任：（一）明确标示该信息存储空间是为服务对象所提供，并公开网络服务提供者的名称、联系人、网络地址；（二）未改变服务对象所提供的作品、表演、录音录像制品；（三）不知道也没有合理的理由应当知道服务对象提供的作品、表演、录音录像制品侵权；（四）未从服务对象提供作品、表演、录音录像制品中直接获得经济利益；（五）在接到权利人的通知书后，根据本条例规定删除权利人认为侵权的作品、表演、录音录像制品。

评　述

本案是一起侵犯摄影作品信息网络传播权纠纷案件。根据我国《著作权法》的规定，作者享有信息网络传播权，他人未经许可不得将作品上载或者以其他方式将其置于公开的网络服务器中，供网络用户在个人选定的时间和地点获得该作品。法律规定的该项信息网络传播权控制的是直接上载、提供作品的行为，即直接将作品上载、提供到公开的网络服务器上的行为。在现实生活中，除了直接上载行为外，还有很多提供技术中介服务的网络服务商，比如提供网络接入服务的网络服务商、提供信息存储空间服务的网络服务商、提供搜索链接服务的网络服务商，这些网络服务商并不直接上载作品，而是以自己的设备、技术为网络用户上载作品提供中介、便捷服务。在网络用户所上传的作品是侵权作品时，这些网络服务商需要承担什么样的法律责任呢。对此，《信息网络传播权保护条例》第二十一条至第二十三条分别对网络接入服务商、信息存储空间服务提供商、搜索链接服务提供商做出了规定，这些规定也被统称为"避风港"原则，即网络服务商符合上述法律所规定的免责条件的情况下，应当免除赔偿责任。比如，《信息网络传播权保护条例》第二十二条规定，网络服务提供者为服务对象提供信息存储空间，供服务对象通过信息网络向公众提供作品、表演、录音录像制品，并具备下列条件的，不承担赔偿责任：（一）明确标示该信息存储空间是为服务对象所提供，并公开网络服务提供者的名称、联系人、网络地址；（二）未改变服务对象所提供的作品、表演、录音录像制品；（三）不知道也没有合理的理由应当知道服务对象提供的作品、表演、录音录像制品侵权；（四）未从服务对象提供作品、表演、录音录像制品中直接获得经济利益；（五）在接到权利人的通知书后，根据本条例规定删除权利人认为侵权的作品、表演、录音录像制品。如果提供信息存储空间服务的网络服务商不符合上述规定，则不能进入"避风港"，仍应当承担赔偿责任。

但是，在具体案件中，如果被告方想援引"避风港"规则，必须首先证明自己确实是提供技术中介服务的网络服务提供商而不是直接上传了作品。只有在被告方的身份和行为明确的前提下，才可能谈及是否适用"避风港"原则的问题。如果被告方无法证明自己提供的是技术中介服务，那么根据原告方对侵权网站内容的公证，也无法查明被告方确实提供的是技术中介服务的情况下，就只能认定被告方直接上传了涉案作品，而不是提供技术中介服务。在此情况下，只要被告方没有经过授权而上载他人作品，即可构成直接侵权。可见，被告方身份和行为性质的举证责任在于被告方。

在被告方身份和行为性质的认定中，要结合案件具体情况对被告方针对涉案具体作品实施的行为进行判断，而不能以对被告方的网络经营模式的判断代替对具体行为的判断。因为现在很多网站已经不单是单纯提供内容服务或者单纯提供技术中介服务了，而往往是两者融合在一个网站中。比如，被告公司所经营的雅虎网，该网站即有自己提供的内容，也有提供搜索链接的功能，还有提供信息存储空间服务的功能。因此，我们很难笼统的说雅虎网是一个什么性质的网站，而只能在具体案件中针对被告对具体作品所实施的行为判断被告的行为性质。因此，不能单纯地以网站经营者提供的《电信与信息服务业务经营许可证》等行政审批证照上载明业务内容作为认定其行为性质的依据。

本案中，被告认为其提供的是信息存储空间服务，涉案 31 幅照片是网友上传的，据此援引《信息网络传播权保护条例》第二十二条的规定，认为其应当进入"避风港"。法院将证明其身份和行为性质的举证责任赋予了被告，并明确了针对具体行为具体认定的原则，被告最终未能证明涉案 31 幅照片确实是网友上传的，从而法院认定涉案 31 幅照片是被告自己上传的，判定被告构成了直接侵权。

案例 24：
袁瑞良诉北京搜狐互联网信息服务有限公司侵权案

法院为何对侵权行为已经超过两年的案件仍然进行审理？

【案例要旨】

作者可以在其作品上署真名、假名、笔名或者不署名，因此，只要是符合作者意愿，又能与作者本人产生指向性联系的方式都可以视为作者署名。在博客上作出的特殊标注在一定条件下也可以被认定为作品的署名。

网站在提供网络存储空间服务时，对上传照片进行编辑和筛选并将上述内容直接发布在网页上，已经超出了网络存储空间服务的范围。此外，网站工作人员对于存在明显侵权可能的照片疏于审查，未尽到合理的注意义务，亦应承担相应的侵权责任。

案情回放

袁瑞良（以下简称"原告"）擅长街拍，将自己拍摄的照片发表在其新浪网的博客中。2010 年 8 月，搜狐社区未经许可，发布了原告拍摄的 24 幅照片并将其中的三幅拼接剪辑后显示在该网站"社区聚焦"栏目中。原告遂以北京搜狐互联网信息服务有限公司（以下简称"被告"）侵犯其署名权、复制权、信息网络传播权为由诉至法院，要求判令被告停止侵权、公开致歉并赔偿经济损失 4.8 万元及其他合理支出 2 万元。

法院审理

法院经审理查明，原告为涉案 24 幅摄影作品的作者及著作权人，作品上标注的"原生泰摄影"即为原告对其作品的署名。搜狐社区是供用户发布文章或图片的信息存储空间，涉案作品由注册名为"余温的睡衣"的斑竹上传至该社区的"天下奇闻"论坛。

一审法院认为，虽然被告在接到本案起诉状后及时删除了涉案 24 幅摄影作品，但因其在涉案作品有明显擦除作者署名痕迹的情况下，仍将涉案的 3 幅作品编辑、裁减、拼接后置于"社区聚焦"中并与"天下奇闻"论坛中的涉案 24 幅摄影作品设定链接，造成短时间内涉案作品的浏览量达到 9 万余次，对侵权行为提供了帮助并扩大了侵权影响，因此，应承担侵权赔偿责任。判决：1. 被告在搜狐社区首页连续 24 小时发表声明，向原告赔礼道歉；2. 被告赔偿原告经济损失 1.2 万元及其他合理开支 5000 元；3. 驳回原告的其他诉讼请求。

被告不服一审判决提起上诉。

二审法院认为，首先，被告将 3 幅涉案照片发布在搜狐社区首页的行为已不仅仅是提供了网络存储空间的服务，其还对上述照片进行了编辑和筛选。另外，有证据表明，"余温的睡衣"发表在搜狐社区中的其余 21 幅涉案照片均存在着明显的擦除痕迹，因此，被告工作人员在选择、编辑上述照片时，应合理地知道上述照片中所存在的擦除痕迹可能为原版权标记，亦应知道上述照片可能为侵犯他人著作权的作品。故被告应当知道上述 21 幅涉案照片系侵犯他人著作权的作品，其未尽到相应的审查义务，亦应当承担相应的侵权责任。判决：驳回上诉，维持原判。

法律法规

1.《信息网络传播权保护条例》第二十二条：网络服务提供者为服务对象提供信息存储空间，供服务对象通过信息网络向公众提供作品、表演、录音录像制品，并具备下列条件的，不承担赔偿责任：

（一）明确标示该信息存储空间是为服务对象所提供，并公开网络服务提供者的名称、联系人、网络地址；

（二）未改变服务对象所提供的作品、表演、录音录像制品；

（三）不知道也没有合理的理由应当知道服务对象提供的作品、表演、录音录像制品侵权；

（四）未从服务对象提供作品、表演、录音录像制品中直接获得经济利益；

（五）在接到权利人的通知书后，根据本条例规定删除权利人认为侵权的作品、表演、录音录像制品。

2.《中华人民共和国著作权法》第四十九条：侵犯著作权或者与著作权有关的权利的，侵权人应当按照权利人的实际损失给予赔偿；实际损失难以计算的，可以按照侵权人的违法所得给予赔偿。赔偿数额还应当包括权利人为制止侵权行为所支付的合理开支。

权利人的实际损失或者侵权人的违法所得不能确定的，由人民法院根据侵权行为的情节，判决给予五十万元以下的赔偿。

评　述

这个案例集中了两个典型问题，一是摄影作品的署名问题；二是网络信息存储空间服务提供者的责任认定问题。

关于署名问题。对于摄影作品而言，出于对画面完整性和美感等因素考虑，绝大部分的摄影作者不会在照片上直接署名，而是在照片旁边适当的位置注明作者是谁。但这种署名方式带来的弊端就是他人侵权使用的往往只是照片本身，不会在乎旁边的作者署名，特别是当被多人多次侵权转载后，再想确定照片作者身份就非常困难。数字时代不仅为摄影爱好者提供了自由发表作品的空间，而且为摄影作品的署名方式提供了创新机会。本案被告就是这样一位拍客，将日常在街头拍摄到的有趣照片通过自己的新浪博客发布在网络上，同时为了防止他人随意转载，特意在照片的边角处加注其专门设计的"原生泰摄影"字样与其博客网址，以表明该照片的作者及发表出处。

对于这样的标注能否认定为作者署名也曾是案件中被告持疑的地方。我国《著作权法》规定了作者享有在作品上表明身份的权利。作者可以署真名、假名、笔名或者不署名，因此，只要是符合作者意愿，又能与作者本人产生指向性联系的方式都可以视为作者署名。本案原告的新浪博客名称为"原生泰"，其本人可以通过用户名和密码正常进入该博客，且博客中显要位置注明"本博客中的图片、文字均系博主原创，未经许可请勿转载！"这些证据基本能确认新浪博客中的"原生泰"即指本案原告，其中作品所显示的"原生泰摄影"等标识也可以认定为是作者对其作品的署名。

关于网络信息存储空间服务提供者的责任问题。这是一个近年来比较复杂且争议较大的问题，仅从本案例情形分析，需要专门说明的有两点：一是"斑竹"身份；二是网络服务提供者，在本案中也就是被告公司"帮助"侵权的认定。

先说"斑竹"，实际就是网络论坛的"版主"。网络论坛在各家网站都有自己的名字，本案被告称其论坛为"搜狐社区"。被告拟定的《社区用户条款》属于网民注册成为社区用户的格式条款，其中写明："本社区用户享有在社区各公开栏目自由发表言论的权利；本社区属于××公司经营管理，社区用户有权依照流程申请斑竹，社区设定站长、社区管理员和斑竹组成的梯级管理体系。"而且该条款中还明确了站长、管理员和斑竹可享有被告公司给予的特别权限和利益分配标准。可见，"斑竹"作为网站社区管理体系成员，可视为被告公司的工作人员，执行公司委派的管理任务。由此，"斑竹"在网站上实施的行为可视为网站自己的行为。本案中，发布侵权照片的"余温的睡衣"身份显示为"斑竹"，其行为能否视为被告公司的行为，是认定被告行为性质的关键。经审查发现，"余温的睡衣"身份虽然是"斑竹"，但并非发布侵权照片栏目的"斑竹"，因此其在该栏目发帖的行为相当于普通网络用户，也就不能认为涉案侵权照片出现在被告网站中系被告自己所为。

再说被告的"帮助"侵权行为。是否认定为帮助行为，需要个案认定，总的来说，如果网络服务提供者对侵权作品主动实施了某些行为，足以让人相信其"明知"或"应知"这些作品是侵权的，网络服务提供者没有采取必要措施阻止侵权，那就是为侵权行为和效果提供了帮助。本案中，被告的主动行为有两项：一是选取了涉案24幅照片中的3幅进行裁剪拼接，放置到其社区首页的"社区聚焦"栏目中，作为置顶滚动照片吸引用户。二是将编辑好的滚动照片与"天下奇闻"栏目中"余温的睡衣"所发布的侵权照片设置链接，方便用户点击浏览。被告的这些主动行为完全能发现涉案照片，也能发现这些照片中存在"原生泰摄影"等标识被擦除的痕迹，即使无法准确知道这些照片的原作者是谁，也应当知道原作者不会自毁照片再发布到网站上，那么这些照片侵权的可能性极大，被告就不应对这些照片进行上述主动行为。既然被告没有尽到合理的注意义务，就应当为这样的帮助行为承担相应的侵权责任。

第五章
摄影作品著作权的保护

【概述】

未经著作权人许可使用其作品的，应当根据情况，承担停止侵害、消除影响、赔礼道歉、赔偿损失等民事责任。

我国的《著作权法》于 1991 年 6 月实施，该法颁布后尚在保护期内的摄影作品均在法律保护的范围之内。对于著作权人已经死亡的摄影作品，其著作财产权可按照法律继承，署名权、修改权等著作人身性权利由其继承人保护。司法实践中，在确定著作权侵权赔偿数额时，应适用"填平原则"，可以在国家制定的稿酬标准的基础上给予 2 倍至 5 倍的赔偿，同时要支付著作权人的合理维权费用。

著作权集体管理制度是起源于欧洲的一种维权模式，至今已经有 200 余年的实践。我国借鉴西方经验，于 2008 年 10 月批准成立了摄影著作权集体管理组织，集中行使摄影著作权人无法行使或者行使起来成本较高的权利。该组织能够以自己的名义就会员作品被侵权的行为提起诉讼。相对于其他版权代理机构，集体管理组织所管理的权利是特定的，开展的业务也是特定的，集体管理组织和现存的律师事务所、版权代理公司等共同构成了我国摄影著作权保护的完整的法律维权服务体系。

案例 25：
32 位知名摄影家起诉经济日报出版社侵权案

"诉讼代表人"与"诉讼代表人"是一回事吗？

【案例要旨】

在民事诉讼中，如果原告、被告一方或者双方人数众多，且诉讼标的相同或者属于同类，法院可以将其合并审理。为简化司法程序，提高审判效率，当事人还可以推选代表人参加诉讼，判决结果对当事人均有效。

案情回放

2001 年 3 月，牛畏予、乔天富、刘占坤等 32 位知名摄影家（以下简称"原告"）向法院起诉，称经济日报出版社（以下简称"被告"）未经许可，在其出版发行的《百年老照片》一书中使用了侵权摄影作品 110 幅，均未标注作者姓名并支付稿酬。请求法院判令被告停止侵权、公开致歉、赔偿经济损失总计 126 万余元。

涉案摄影作品原作之一　牛畏予 摄

涉案摄影作品原作之二　刘占坤 摄

涉案摄影作品原作之三　乔天富 摄

法院审理

　　法院经审理查明，1998 年 2 月，被告出版发行《百年老照片》一书，该书分四册，每册 19 元，共印 2 万册。书中收入了二十世纪百年来已发表的照片 1683 幅。该书第四册出版时，被告在书的末页刊发启示："在本社出版的《百年老照片》1–4

册中，搜集的图片数量较大，因时间关系，无法与所有照片拍摄者一一取得联系，请照片的作者与我社联系，以便我们支付稿酬。"

法院经审理认为，原告为涉案摄影作品的著作权人，未经许可，任何个人或组织都不能随意使用他人的作品进行有商业目的的活动。在图书出版过程中，出版者有义务对其出版的出版物是否有权利瑕疵进行审查，被告不能以出版合同约定"如有侵犯他人权益，由编者承担责任"为由，推卸其未履行审查义务应承担的法律责任。在审理中，被告以原告的摄影作品都是新闻照片，不应受著作权法保护为由进行抗辩，是不能成立的。被告采用了发"启示"这样一种事后补救的方法，亦不能免除其作为出版者未尽审查义务而承担的法律责任。

一审法院判决：被告停止出版发行涉案图书，向原告公开致歉，以每幅 1200 元的标准向各原告支付赔偿金。

被告不服，提起上诉，称其曾在涉案图书出版后向原告之一孟昭瑞支付过稿酬 240 元。上诉法院认为，被告未经许可使用原告孟昭瑞 7 幅摄影作品，虽然事后采取了补救措施，向原告支付了稿酬，但并不能免除其作为专业出版机构因未尽审查义务而应承担的法律义务。判令被告赔偿孟昭瑞经济损失 8160 元。

法律法规

1.《中华人民共和国民事诉讼法》第五十二条：当事人一方或者双方为二人以上，其诉讼标的是共同的，或者诉讼标的是同一种类、人民法院认为可以合并审理并经当事人同意的，为共同诉讼。

共同诉讼的一方当事人对诉讼标的有共同权利义务的，其中一人的诉讼行为经其他共同诉讼人承认，对其他共同诉讼人发生效力；对诉讼标的没有共同权利义务的，其中一人的诉讼行为对其他共同诉讼人不发生效力。

2.《中华人民共和国民事诉讼法》第五十三条 当事人一方人数众多的共同诉讼，可以由当事人推选代表人进行诉讼。代表人的诉讼行为对其所代表的当事人发生效力，但代表人变更、放弃诉讼请求或者承认对方当事人的诉讼请求，进行和解，必须经被代表的当事人同意。

评 述

这一侵权纠纷案件涉及到的原告均为国内外知名的摄影家，在当时引起媒体广泛关注，被称为"中国摄影侵权案件集团诉讼第一案"。该案件的发起人为著名摄影家李振盛，他作为32位原告的诉讼代理人同时也是原告之一参加了诉讼。所谓"集团诉讼"，是指一个或数个代表人，为了维护集团成员全体的共同利益，代表全体集团成员提起的诉讼。法院对集团所作的判决，不仅对直接参加诉讼的成员具有约束力，而且对那些没有参加诉讼的主体，甚至对那些没有预料到损害发生的相关主体，也具有法律效力。集团诉讼制度起源于十七世纪末、十八世纪初的英国，是美国处理类似诉讼请求的一种独特的诉讼程序。这一制度安排可以极大降低社会成本，提高司法效率。但是，"代表人诉讼"和"集团诉讼"还存在一定的差别，同时，"诉讼代表人"和"诉讼代理人"的法律内涵也不尽相同。

在本案中，原告方涉及到32名摄影家，分布在不同的行业和地区，但被告是同一家出版社，侵权图书也是同一本出版物，属于"一方人数众多的共同诉讼"，法院可以合并审理。按照法律规定，此类诉讼可以由当事人推选代表人进行诉讼，代表人的诉讼行为对其所代表的当事人发生效力。但在本案中，法院对 32 个案件分别立案并逐一作出了判决，因此，严格来说这并不是诉讼法意义上的代表人诉讼。

我国民事诉讼法规定，代表人诉讼是由其他当事人明确授权产生或由人民法院与多数人一方商定，此外，我国代表人诉讼还规定了将不确定人数转化为确定人数的程序，即权利登记程序，权利人可以通过向法院登记，使群体成员人数确定下来。对于在法院公告期内未明示参加诉讼的，不作为群体成员。法院据此作出的判决对未作登记的权利人有间接的延伸性，即在权利人独立提起诉讼后，人民法院裁定案件适用对群体诉讼的判决和裁定，

近几年来，因产品责任、环境污染、消费者权益受损等原因引起群体性纠纷不断发生，并有增长的趋势，由于受害人规模大，分布广，如果按照共同诉讼或单个案件分别审理这类案件，会产生巨大的社会成本。为了便于众多当事人进行诉讼，简化法院审理程序，可以尝试选择代表人诉讼的方式。我国民事诉讼法第五十五条规定，对污染环境、侵害众多消费者合法权益等损害社会公共利益的行为，法律规定的机关和有关组织可以向人民法院提起诉讼。当然，这是另外一个范畴的法律问题。

由此可见，"诉讼代表人"和"诉讼代理人"是两个完全不同的概念，前者是当事人，而后者只是接受当事人的委托参与到诉讼中来，两者在法律上所享有的权利和应履行的义务是不相同的。

案例 26：
中国摄影著作权协会诉中国工人出版社侵权案

著作权集体管理组织怎样替我打官司？

【案例要旨】

　　著作权集体管理组织可以接受著作权人的授权，行使著作权或者与著作权有关的权利，著作权集体管理组织被授权后，能够以自己的名义为著作权人主张权利，并可作为当事人进行涉及著作权或者与著作权有关的权利的诉讼。

案情回放

　　2002 年 1 月，中国工人出版社（以下简称"被告"）出版了《外国学者评毛泽东》一至四卷，其中选用了著名摄影家吕厚民、侯波、徐肖冰的摄影作品共计 79 幅，这三位摄影家均为中国摄影著作权协会（以下简称"原告"）的会员。2012 年 4 月，原告以侵犯著作权为由向法院起诉，要求被告停止侵权并支付赔偿金 11.85 万元。

涉案图书封面

涉案图书内页

涉案摄影作品原作之一（1957 年，毛泽东在飞机上工作。侯　波　摄）

涉案摄影作品原作之一（1958 年，毛泽东在湖南家乡同韶山中学的师生合影。侯　波　摄）

涉案摄影作品原作之一（1954 年，毛泽东头戴灰色帽子，身穿黑色呢子风衣，背对着海，极目云天，思绪万千。侯 波 摄）

涉案图书内页

涉案摄影作品原作之一（《开国大典》，1949 年 10 月 1 日，毛泽东在天安门城楼向全世界庄严宣告：中华人民共和国成立了。侯 波 摄）

涉案摄影作品原作之一（1961 年，毛泽东在书架旁。吕厚民 摄）

涉案图书内页

涉案摄影作品原作之一（迎接宋庆龄从上海来北平参加中国人民政治协商会议第一届全体会议。1949 年，毛泽东、周恩来、张治中在北平火车站月台上。徐肖冰 摄）

涉案摄影作品原作之一（图为毛泽东在香山双清别墅看南京解放的捷报。徐肖冰 摄）

涉案摄影作品原作之一（1959 年 7 月，毛泽东在庐山水库游泳。侯 波 摄）

涉案图书内页

涉案摄影作品原作之一（1949 年，毛泽东与毛岸英、刘思齐、李讷在香山。徐肖冰 摄）

涉案摄影作品原作之一（1949 年，毛泽东与长子毛岸英在香山亲切交谈。徐肖冰）

涉案摄影作品原作之一（1944 年 5 月，在重庆的中外记者组成了西北参观团，到陕甘宁边区和晋绥边区参观考察。图为中共中央领导人在延安杨家岭接见中外记者团。徐肖冰 摄）

涉案摄影作品原作之一（1963年，毛泽东会见非洲朋友，并观看非洲留法学生联合会代表团赠送的礼品。吕厚民 摄）

法院审理

法院经审理查明：原告是由国家版权局批准成立并在民政部注册登记的中国摄影著作权集体管理组织，吕厚民、侯波、徐肖冰均为其会员。另查明，徐肖冰已经于原告提起本案诉讼时去世，其合法继承人并未重新填写中国摄影著作权协会入会登记表。

法院认为，根据《著作权法》的规定，著作权人可以授权著作权集体管理组织行使著作权或者与著作权有关的权利，著作权集体管理组织被授权后，可以以自己的名义为著作权人主张权利，并可以作为当事人进行涉及著作权或者与著作权有关的权利的诉讼。本案原告作为摄影著作权的集体管理组织，接受摄影作品作者的授权，可以自己的名义进行本案诉讼。涉及到吕厚民的作品有23幅、侯波的作品为17幅，原告可以对上述作品进行管理，被告未经许可使用上述作品，侵犯了原告依法享有的复制权。在审理过程中，原告就徐肖冰涉案作品被侵权一案撤回对被告的起诉。法院判决：被告停止发行含有涉案侵权摄影作品的图书，赔偿原告经济损失共计人民币 3.6 万元。

原告、被告不服一审判决，均提起上诉。二审法院判决：驳回上诉，维持原判。

法律法规

1.《著作权集体管理条例》第二条：本条例所称著作权集体管理，是指著作权集体管理组织经权利人授权，集中行使权利人的有关权利并以自己的名义进行的下列活动：

（一）与使用者订立著作权或者与著作权有关的权利许可使用合同（以下简称许可使用合同）；

（二）向使用者收取使用费；

（三）向权利人转付使用费；

（四）进行涉及著作权或者与著作权有关的权利的诉讼、仲裁等。

2.《著作权集体管理条例》第三条：本条例所称著作权集体管理组织，是指为权利人的利益依法设立，根据权利人授权、对权利人的著作权或者与著作权有关的权利进行集体管理的社会团体。

3.《著作权集体管理条例》第四十七条：依照著作权法第二十三条、第三十二条第二款、第三十九条第三款的规定使用他人作品，未能依照《中华人民共和国著作权法实施条例》第三十二条的规定向权利人支付使用费的，应当将使用费连同邮资以及使用作品的有关情况送交管理相关权利的著作权集体管理组织，由该著作权集体管理组织将使用费转付给权利人。

评　述

著作权集体管理制度起源于欧洲，至今已经走过了200多年的历程，是衡量一个国家版权管理水平的重要标志。这一来自西方的版权保护模式与我国的国情相结合可以在很大程度上破解海量作品授权瓶颈的难题，极大降低社会维权成本，提高版权作品的传播效率，是数字时代解决版权保护难题的有效途径。我国自1992年起先后成立了包括摄影在内的五家著作权集体管理组织，已经初步建立了比较完善的著作权集体管理保护体系。

本案原告是我国的摄影著作权集体管理组织，其主要职能是有效管理会员的摄影作品著作财产性权利，维护会员的合法经济利益。原告开展工作的前提是取得合法授权，当前著作权集体管理组织的授权来源主要有两个渠道。首先，来自于国家的法定授权，如"法定许可"。《著作权集体管理条例》第四十七条规定，"上述'法定许可'项下的作品使用费应当连同邮资以及使用作品的有关情况送交管理相关权利的著作权集体管理组织，由该著作权集体管理组织将使用费转付给权利人"。2009年8月，国家版权局办公厅印发了关于报刊转载等法定许可使用费收转职能的复函，其中明确了中国文字著作权协会"是向著作权人转付报刊转载等'法定许可'使用费的法定机构"。

此外，著作权集体管理组织可以与会员签订入会协议，接受会员的授权，从而开展相应的作品使用费收取工作。本案中，侯波、吕厚民的入会协议真实有效，原告据此成为适格的诉讼主体，而徐肖冰在起诉时已经去世，其著作权的合法继承人并没有与原告签订入会协议，法院也就不再对涉及徐肖冰摄影作品的侵权案件进行审理。

案例 27：
中国摄影著作权协会诉张子平侵权案

法院为何不受理著作权集体管理组织提起的署名权之诉？

【案例要旨】

　　著作权集体管理组织所管理的大多是作者自己难以有效行使或者行使起来成本较高的权利。《著作权集体管理条例》第四条以列举的方式表明"表演权、放映权、广播权、出租权、信息网络传播权、复制权"等可以由集体管理组织统一行使，这一类权利都属于著作财产性权利，但署名权、修改权等著作人身权并没有在该条款中列明。

案情回放

　　摄影作品《千里寻水》获得"2010 人与水国际摄影大赛"特等奖，投稿者署名为张子平。该作品与摄影师任世琛所拍摄的《旱区的孩子》高度一致，仅仅是将画面进行了镜像旋转。任世琛是中国摄影著作权协会（以下简称"原告"）的会员。2011 年初，原告以侵犯署名权为由向法院起诉，要求张子平及大赛组委会停止侵权、赔礼道歉并赔偿损失。

　　法院审查后认为，原告是摄影著作权集体管理组织，按照相关法律及章程规定，其所管理的权利为会员作品的复制权、发行权、信息网络传播权等著作财产性权利，无权以自己的名义主张署名权、修改权等著作人身性权利，对于此类权利，只能由作者以本人的名义提起诉讼。法院据此没有受理原告提起的诉讼。

涉案摄影作品

涉案摄影作品原作　任世琛 摄

法律法规

1.《著作权集体管理条例》第二条：本条例所称著作权集体管理，是指著作权集体管理组织经权利人授权，集中行使权利人的有关权利并以自己的名义进行的下列活动：

（一）与使用者订立著作权或者与著作权有关的权利许可使用合同（以下简称许可使用合同）；

（二）向使用者收取使用费；

（三）向权利人转付使用费；

（四）进行涉及著作权或者与著作权有关的权利的诉讼、仲裁等。

2.《著作权集体管理条例》第三条：本条例所称著作权集体管理组织，是指为权利人的利益依法设立，根据权利人授权、对权利人的著作权或者与著作权有关的权利进行集体管理的社会团体。

3.《著作权集体管理条例》第四条：著作权法规定的表演权、放映权、广播权、出租权、信息网络传播权、复制权等权利人自己难以有效行使的权利，可以由著作权集体管理组织进行集体管理。

评 述

著作权集体管理组织所管理的大多是作者自己难以有效行使或者行使起来成本较高的权利。我国《著作权集体管理条例》第四条以列举的方式表明"表演权、放映权、广播权、出租权、信息网络传播权、复制权"可以由集体管理组织统一行使。这一类权利都属于著作财产性权利，但署名权、修改权等著作人身权并没有被规定在该条款中。我国是成文法国家，法律的明文规定是法官据以裁决的主要依据。因此，本案法院认为我国的著作权集体管理组织不能以自己的名义对署名权提起诉讼。

根据民法的一般原理，公民的姓名权、健康权等人身权是基于公民的自然人属性而产生的，因而不可转让也不能继承。据此，通说认为"著作权中的署名权、发表权、修改权等由于具有人身权属性，因而也不能转让和继承"。但从根本上来说，著作权毕竟是基于作品而产生，虽然凝聚了作者的精神性劳动，但作品最核心的价值还是其潜在的经济价值，如果把著作权中的署名权和公民的姓名权完全等同起来，则未免教条。法国《版权法》第六条规定：版权中的精神性权利在作者死后可以作为遗产转移给他的继承人，也可以依其遗嘱将精神权利的行使权转移给并非继承人的第三方。在奥地利，音乐、戏剧作者的稿酬收取、作品署名权、修改权等都由"版税收集协会"办理，这就等于作者在与该协会签署委托合同时，把著作财产性权利及精神性权利都以独占许可形式交给了该协会，甚至可以认为是转让给了该协会。我国《著作权法》中还规定了委托创作，如果当事人之间有约定，则委托人可以依据约定享有著作权，这其实是变相认可了著作人身性权利是可以转让的。

我国《著作权集体管理条例》第二条规定，著作权集体管理组织经权利人授权可以集中行使权利人的有关权利并以自己的名义进行诉讼活动。其中"以自己的名义行使权力"并不以署名权的转让为前提，我国的民法通则中规定有"隐名代理制度"，只要集体管理组织取得作者合法授权，以自己名义行使署名权是毫无问题的。虽然《著作权集体管理条例》第四条只列明了表演权、放映权、广播权、出租权、信息网络传播权、复制权，但后面使用了"等"字样，由此表明该条所列的权利并没有穷尽。结合"等"字后面的文字内容，如果还存在权利人自己难以有效行使的权利，同样可以由集体管理组织来管理。至于哪些权利是权利人自己难以有效行使的权利，不宜由法院或某一机构来认定，而应由权利人自己结合自身的能力和作品的情况来斟酌决定。著作权是公民的私权利，如何行使和处理权利应当由权利人自己来决定。因此，如果权利人将署名权等著作人身性权利授权给集体管理组织进行统一管理，法律对此也不宜禁止。

案例 28：
吴印咸继承人诉《炎黄春秋》杂志社侵权案

作者的法定继承人，可以继承著作权中的哪些权利？

【案例要旨】

摄影作品的保护期为 50 年，自首次发表之日起算。作品创作完成后 50 年内没有发表的，法律不再保护。

著作权属于公民的，公民死亡后，其作品的使用权和获得报酬权在本法规定的保护期内，依照继承法的规定转移，其著作权中的署名权、修改权和保护作品完整权由作者的继承人或者受遗赠人保护。

案情回放

吴某（以下简称"原告"）系著名摄影家吴印咸之女，发现《炎黄春秋》杂志社（以下简称"被告"）未经同意，自 1992 年 9 月至 2007 年 4 月间，多次在其出版发行的《炎黄春秋》杂志中使用吴印咸的 14 幅摄影作品。原告认为该杂志社的行为侵犯了其享有的摄影著作权而诉至法院，要求判令被告停止侵权、公开致歉并赔偿经济损失 2.6 万元及合理开支 1756 元。

涉案杂志封面

少，在场间边上反复地唱着这首感人的歌声，60 多年过去了，至今还记忆犹新。

耀邦同志一再勉励我们在斗争中努力学习和领会毛泽东军事思想，为我军政治工作创新、发展作出贡献

1939 年秋我随狂人总校前往晋东南途经晋察冀时，罗瑞卿副校长带领超大队长、老红军游海镇教我一起去葛水河边看晋察冀军区司令部聂荣臻司令部……当政治部主席得知我是那部人又是分配的政治教员之后，当我讲述：易水边上"风潇潇易水寒，壮士一去兮不复还"和"燕赵多慷慨悲歌之士"的典故，黄金山推讲述了我们家乡留下的……"诗的握"的故事。我们讲的很投机，当分到了即向罗瑞卿汇报，……和我在边的工作。秋天总校就是向政权根……干部的。罗瑞卿长当然不会拒绝送上携的教导，而且我觉得满了于扰大得极，和燕赵地区……人父老乡亲结了不解之缘。1946 年夏天，当我所在的晋察冀战场包围晋中重镇阳泉城……

涉案杂志内页

涉案摄影作品原作之一（艰苦创业。吴印咸 摄）

涉案摄影作品原作之一（1940 年，张闻天，延安。吴印咸 摄）

涉案摄影作品原作之一（1941 年，胡耀邦，延安。吴印咸 摄）

涉案摄影作品原作之一（1942 年，延安文艺座谈会全体合影。吴印咸 摄）

法院审理

法院认为，依据我国著作权法的规定，如无相反证明，在作品上署名的公民为作者；摄影作品的发表权及著作权中的财产权利的保护期为 50 年，截止于作品首次发表后第 50 年的 12 月 31 日，但作品自创作完成后 50 年内未发表的，不再保护。依据本案现有证据所查明的事实，在无相反证据的情况下，应确认吴印咸是涉案摄影作品的作者。作者死亡后，其著作权中的署名权、修改权和保护作品完整权由作者的继承人保护，著作权中的财产权利由作者的继承人享有。依据原告提供的证据材料，吴印咸去世后，除原告外其他继承人均明确表示在维护吴印咸著作权的案件中放弃所涉及作品的继承权。因此，原告作为涉案摄影作品著作权的继承人有权提起本案诉讼。被告未征得权利人的许可，在其出版的多期杂志中使用了涉案摄影作品，未署作者姓名，亦未向权利人支付报酬，侵犯了原告对涉案作品所享有的复制权及获得报酬权，被告对此应承担停止侵权、赔偿原告经济损失的法律责任。因被告的多次侵权行为发生在 1992 年至 2007 年期间，根据相关规定，2001 年 10 月 27

日以后人民法院受理的著作权民事纠纷案件，涉及 2001 年 10 月 27 日前发生的民事行为的，适用修改前《著作权》法的规定。对于原告要求被告停止侵权、赔偿损失及合理支出，刊登侵权事实的诉讼请求，予以支持，但对于具体赔偿数额，将参照国家版权局规定的稿酬标准，综合考虑涉案摄影作品的创作时间及历史价值、被告侵权行为的性质及其主观过错程度，酌情确定。判决：被告停止使用涉案摄影作品、在《中国摄影报》就吴印咸是涉案摄影作品的拍摄者及被告侵权一事刊登声明、赔偿原告经济损失 1.44 万元及合理诉讼支出 1706.4 元。一审判决后双方均未上诉。

法律法规

1.《中华人民共和国著作权法》第十九条第一款：著作权属于公民的，公民死亡后，其本法第十条第一款第（五）项至第（十七）项规定的权利在本法规定的保护期内，依照继承法的规定转移。

2.《中华人民共和国著作权法》第二十一条第三款：电影作品和以类似摄制电影的方法创作的作品、摄影作品，其发表权、本法第十条第一款第（五）项至第（十七）项规定的权利的保护期为五十年，截止于作品首次发表后第五十年的 12 月 31 日，但作品自创作完成后五十年内未发表的，本法不再保护。

3.《中华人民共和国继承法》第三条：遗产是公民死亡时遗留的个人合法财产，包括：（一）公民的收入；（二）公民的房屋、储蓄和生活用品；（三）公民的林木、牲畜和家禽；（四）公民的文物、图书资料；（五）法律允许公民所有的生产资料；（六）公民的著作权、专利权中的财产权利；（七）公民的其他合法财产。

4.《中华人民共和国继承法》第二十五条：继承开始后，继承人放弃继承的，应当在遗产处理前，作出放弃继承的表示。没有表示的，视为接受继承。

评　述

针对摄影作品的保护期限，1886 年《伯尔尼公约》第七条第 4 款规定，"摄影作品和作为艺术作品保护的实用艺术作品的保护期限由本同盟各成员国的法律规定，但这一期限不应少于自该作品完成之后算起的二十五年。" TRIPS 协议第十二条规定："除摄影作品或实用艺术作品外，如果某作品的保护期并非按自然人有生之年计算，则保护期不得少于经授权而出版之年年终起 50 年；如果作品自完成起 50 年内未授权出版，则保护期应不少于作品完成之年年终起 50 年。"由此可见，我国《著作权法》规定摄影作品的著作权保护期限为 50 年是合理的，也是符合相关国际公约规定的。

关于著作权的继承问题，根据修改前的《著作权法》第十九条规定："著作权属于公民的，公民死亡后，其作品的使用权和获得报酬权在本法规定的保护期内，依照继承法的规定转移。"根据《著作权法实施条例》第十五条规定："作者死亡后，其著作权中的署名权、修改权和保护作品完整权由作者的继承人或者受遗赠人保护。"继承人既可以使用、传播作品，也可以许可他人使用作品。对继承人继承的著作财产权，任何人不得侵犯，第三人如果想使用作品，应征得继承人的同意。我国《继承法》规定了两个继承顺序，第一顺序继承人包括配偶、子女和父母，第二顺序继承人包括兄弟姐妹、祖父母、外祖父母。第一顺序继承人具有优先继承的权利，只有没有第一顺序继承人或者第一顺序继承人放弃继承权、丧失继承权的情况下，第二顺序继承人才有继承权。

　　本案中，原告提供的证据材料表明，吴印咸去世后，除原告外，其他继承人均明确表示在维护吴印咸著作权的案件中放弃所涉及作品的继承权。因此，原告作为涉案摄影作品著作权的继承人有权提起本案诉讼。如果本案中吴印咸的其他继承人没有明确表示放弃涉案作品的继承权，或者也没有授权原告对涉案作品进行维权，则原告不能单独提起诉讼，这涉及到著作权继承主体多元情况下法院如何判定诉讼主体的问题。

　　在现行《著作权法》中，摄影作品的保护期截止于作品首次发表后的 50 年，有别于其他类型的作品。在我国新修订的《著作权法》中，有望将摄影作品的保护期延长至作者终生及死亡后 50 年。

案例 29：
吴爱莲诉广东经济出版社和北京市天则书店侵权案

摄影作品的经济赔偿数额是如何确定的？

【案例要旨】

著作权侵权案件民事赔偿责任的范围，应当以侵权行为所造成的财产损失范围为准。具体而言，赔偿数额的计算应当按照"权利人的实际损失"计算，实际损失难以计算的，可以按照"侵权人的违法所得"计算，在实际损失和违法所得均难以计算的情况下，辅以五十万元以下法定赔偿的赔偿标准。

法院在确定赔偿数额时，应当考虑作品类型、合理使用费、侵权行为性质、后果等情节综合确定。制止侵权行为所支付的合理开支（包括权利人或者委托代理人对侵权行为进行调查、取证的合理费用）以及符合国家规定的律师费用也可以计算在赔偿范围内。

案情回放

吴爱莲（以下简称"原告"）是《深情尔康——周杰走过》影册的主编和著作权人，广东经济出版社（以下简称"被告出版社"）未经许可，在其1999年8月出版的《周杰——真情好男人》一书中使用了《深情尔康——周杰走过》一书中的17幅摄影作品及部分文字，原告以侵犯著作权为由向法院起诉，要求判令被告出版社和北京市天则书店（以下简称"被告书店"）承担相应的民事责任。

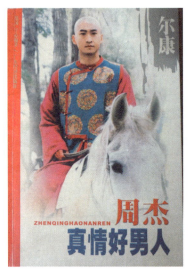

涉案图书封面　　　　　　涉案图书封面

法院审理

　　法院经审理查明，1999 年 7 月 3 日，原告作为画册《深情尔康——周杰走过》的著作权人、主编，与九州图书出版社就出版该画册签订出版合同。1999 年 8 月，九州图书出版社出版了画册《深情尔康——周杰走过》，定价 58 元，印数 2 万册。该画册的署名情况为：主编为本案原告，撰文为周杰，摄影为刘展耘，拍摄单位为北京南虹物业管理责任有限公司及香港皇冠发展（亚洲）有限公司。该画册由照片及少量文字组成，其中刘展耘拍摄的照片为 98 幅。

　　1999 年 8 月，两被告出版、发行了由基国、子心编著的《周杰——真情好男人》一书，定价 16.8 元，印数 1 万册。该书中使用了画册《深情尔康——周杰走过》中的 17 张照片（其中有 3 张系本案原告不享有权利的剧照）。

　　一审法院认为，原告是《深情尔康——周杰走过》画册的著作权人，其提供的票据表明其为拍摄该画册支出了 44.9 万余元。被告出版社未经原告许可，在其出版的《周杰——真情好男人》一书中使用了《深情尔康——周杰走过》一书中的 17 幅摄影作品及部分文字，侵犯了原告就涉案照片享有的使用权及获得报酬权，且该社主观上有明显故意，故应承担相应民事责任。被告书店作为侵权书籍的销售者，其主观上无过错，但应承担停止销售侵权书籍的民事责任。判决：被告出版社立即停止发行涉案图书并不得再版、重印，向原告公开赔礼道歉并赔偿经济损失 18.7 万元；被告书店立即停止销售涉案图书。

被告不服一审判决提起上诉。

二审法院认为，一审判决关于两被告侵权行为的认定正确，但判令被告出版社承担的赔偿数额过高，改判被告出版社赔偿原告经济损失 3 万元。

法律法规

《中华人民共和国著作权法》第四十九条：侵犯著作权或者与著作权有关的权利的，侵权人应当按照权利人的实际损失给予赔偿；实际损失难以计算的，可以按照侵权人的违法所得给予赔偿。赔偿数额还应当包括权利人为制止侵权行为所支付的合理开支。

权利人的实际损失或者侵权人的违法所得不能确定的，由人民法院根据侵权行为的情节，判决给予五十万元以下的赔偿。

评 述

本案中，原被告对于侵犯著作权的法律定性并无异议，双方争议的焦点在于具体赔偿数额的计算。知识产权赔偿制度的构建是知识产权审判工作的关键环节，直接影响到"公正与效率"

的司法宗旨。

按照《著作权法》第四十九条之规定，侵犯著作权或者与著作权有关的权利的，侵权人应当按照权利人的实际损失给予赔偿；实际损失难以计算的，可以按照侵权人的违法所得给予赔偿。赔偿数额还应当包括权利人为制止侵权行为所支付的合理开支。权利人的实际损失或者侵权人的违法所得不能确定的，由人民法院根据侵权行为的情节，判决给予五十万元以下的赔偿。

本条款确立了著作权侵权案件中的赔偿规则，该规则是对民事赔偿的基本原则"全部赔偿原则"（又称"填平原则"）的具体化。所谓全部赔偿原则，是指民事赔偿责任的范围，应当以加害人侵权行为所造成的财产损失范围为标准。具体而言，本条款明确赔偿数额的计算，应当按照"权利人的实际损失"计算，实际损失难以计算的，可以按照"侵权人的违法所得"计算，并在实际损失和违法所得均难以计算的情况下，辅以五十万元以下法定赔偿的赔偿标准。

尽管从理论上该条款完整而严谨，然而由于知识产权侵权案件标的的特殊性，其实际损失和违法所得在诉讼中往往难以准确查明。例如，如何确定权利人的实际损失，由于著作权的无形性，在确定原告损失时，原告往往只能估算自己的损失，而无法拿出直接的证据来证明被告的侵权行为给自己造成的损失。而对于被告获利，即使被告提供自己对侵权作品的复制、发行数量和销售价格，原告也往往认为数额过低而不予认可。故除非司法行政机关已经对相关侵权事实进行了确认，在知识产权的民事诉讼中往往很难准确查明被告的实际获利。

在实际损失和违法所得均难以计算的情况下，法院会根据实际情况，在法定赔偿额范围内确定具体的赔偿数额。知识产权制度总是会给予智力成果所有者一定时期的垄断权，以保障权利人充分的经济回报，以促使社会成员投入更多的资源进行智力创新。与此同时，鼓励智力成果的充分传播和利用，以实现社会科技和文化的进步。对于著作权等知识产权侵权判赔数额的确定，也是这一动态平衡系统中的有效组成部分，赔偿数额过低，无法有效阻止侵权行为的发生，损害了人们创新的积极性；相反，赔偿数额过高，不利于智力成果的传播，无法使科技文化的进步惠及全社会。

基于以上考虑，最高人民法院在 2002 年出台的《关于审理著作权民事纠纷案件适用法律若干问题的解释》规定："权利人的实际损失，可以根据权利人因侵权所造成复制品发行减少量或者侵权复制品销售量与权利人发行该复制品单位利润乘积计算。发行减少量难以确定的，按照侵权复制品市场销售量确定。""权利人的实际损失或者侵权人的违法所得无法确定的，法院根据当事人的请求或者依职权适用著作权法第四十八条第二款的规定确定赔偿数额。法院在确定赔偿数额时，应当考虑作品类型、合理使用费、侵权行为性质、后果等情节综合确定。当事人按照本条第一款的规定就赔偿数额达成协议的，应当准许。""《著作权法》第四十八条第一款规定的制止侵权行为所支付的合理开支，包括权利人或者委托代理人对侵权行为进行调查、取证的合理费用。法院根据当事人的诉讼请求和具体案情，可以将符合国家有关部门规定的律师费用计算在赔偿范围内。"总的来讲，法院确定的赔偿数额要能够填补侵权行为给作者带来的损害，在我国《著作权法》的第三次"修订稿"中，已经把目前的法定赔偿上限由 50 万元提高到了 100 万元，这将有助于加大司法实践中对摄影作品侵权行为的惩治力度。

案例 30：
北京嘉华苑科技发展有限责任公司诉北京朝阳区亚运村医院和《深圳青年》杂志社侵权案

法院为何对侵权行为已经超过两年的案件仍然进行审理？

【案例要旨】

诉讼时效是民法上的一项重要法律制度，它是指权利人必须在法律规定的期间内提出权利要求，否则就丧失了胜诉权。在法律无特别规定的情况下，诉讼时效的期间为二年，自权利人知道或者应当知道其权利被侵害时起计算。但是从权利被侵害之日起超过二十年的，法院不予保护。

权利人的起诉是否超过诉讼时效应当由侵权人进行举证，即侵权人对权利人知道或者应当知道权利被侵害的事实负有举证责任；其次，侵权行为发生时点不能当然作为诉讼时效期间的起算点。

案情回放

2002 年 3 月，北京市朝阳区亚运村医院（以下简称"被告医院"）未经许可，使用了北京嘉华苑科技发展有限责任公司（以下简称"原告"）依法享有著作权的 6 张照片，用于该院在《深圳青年》杂志上发布的整形美容广告。原告向法院起诉，要求判令被告医院和深圳青年杂志社（以下简称"被告杂志社"）停止侵权、赔礼道歉并赔偿经济损失 10 万元。

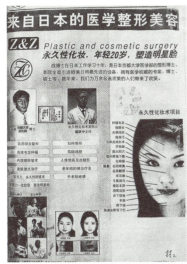

涉案杂志封面   涉案杂志内页

涉案摄影作品原作 1-4

法院审理

法院经审理查明，2000 年 6 月 6 日，原告以协议约定的方式取得了涉案 6 张照片的著作权。2004 年 6 月 15 日和 7 月 6 日，原告先后从国家图书馆和首都图书馆查询到《深圳青年》杂志 2002 年 3 月和 4 月的半月刊中均有一则被告医院整形美容的广告。广告左下角使用了原告享有著作权的 6 张照片，每张照片大小约为 2cm×2cm，6 张照片连接成 3 排 2 列。

一审法院认为，被告医院作为广告主，不能证明其在广告中使用原告享有著作权的图片已经征得著作权人许可，因此应承担停止侵权、赔礼道歉、赔偿损失的法律责任。被告杂志社在发布涉案侵权广告时，并未依法审查相关的证明文件，主观上存在过错，理应承担停止侵权、赔偿损失的民事责任。由于法律赋予广告发布者的审查义务仅限于形式上的审查义务，因此广告发布者只有在明知广告中存在侵权内容的情况下，才与广告主构成共同侵权，并连带承担赔偿责任。现原告不能证明被告杂志社存在侵权故意，故两被告不应承担连带赔偿责任，而应就其自身的过错单独承担赔偿责任。

虽然涉案广告发布于 2002 年，距原告起诉时已经超过 2 年，但从公平的角度出发，应当认为原告不可能自涉案广告发布之日就知晓侵权事实，且其又能够证明先后在 2004 年 6 月和 7 月才通过图书馆的查阅发现涉案侵权广告，因此两被告关于原告的主张已经超过诉讼时效的答辩，法院不予支持。

就本案的赔偿数额，法院参考《深圳青年》杂志的广告价格，并根据涉案图片的稿酬标准、侵权广告的发布情况、两被告的过错程度及损害后果等因素，酌情判定各自的赔偿数额。判决：两被告停止侵权、公开致歉，被告医院赔偿 3.5 万元、被告杂志社赔偿 1000 元。一审宣判后，被告不服判决提出上诉。

经二审法院调解，双方达成了调解协议。

法律法规

1.《中华人民共和国民法通则》第一百三十五条：向人民法院请求保护民事权利的诉讼时效期间为二年，法律另有规定的除外。

2.《中华人民共和国民法通则》第一百三十七条：诉讼时效期间从知道或者应当知道权利被侵害时起计算。但是，从权利被侵害之日起超过二十年的，人民法院不予保护。有特殊情况的，人民法院可以延长诉讼时效期间。

3.《中华人民共和国民法通则》第一百三十九条 在诉讼时效期间的最后六个月内，因不可抗力或者其他障碍不能行使请求权的，诉讼时效中止。从中止时效的原因消除之日起，诉讼时效期间继续计算。

4.《中华人民共和国民法通则》第一百四十条 诉讼时效因提起诉讼、当事人一方提出要求或者同意履行义务而中断。从中断时起，诉讼时效期间重新计算。

5. 最高人民法院《关于审理著作权民事纠纷案件适用法律若干问题的解释》第二十八条 侵犯著作权的诉讼时效为两年，自著作权人知道或者应当知道侵权行为之日起计算。权利人超过两年起诉的，如果侵权行为在起诉时仍在持续，在该著作权保护期内，人民法院应当判决被告停止侵权行为；侵权损害赔偿数额应当自权利人向人民法院起诉之日起向前推算两年计算。

评　述

本案主要涉及的问题是侵犯著作权的诉讼时效。诉讼时效是民法上的一项重要的法律制度，它主要是指权利人必须在法律规定的诉讼时效期间内提出权利要求，否则就丧失了胜诉权。我国《民法通则》对此作出了明确的规定。法律规定诉讼时效的目的就在于促使权利人及时行使权利，防止权利人成为"权利上的睡眠者"，这样一方面可以使得社会秩序早日得到稳定，另一方面避免因年久时长导致权利人的证据灭失，给其日后维护自己的利益造成障碍。

根据我国《民法通则》的规定，在法律无特别规定的情况下，诉讼时效的期间为二年。该两年的起算点从权利人知道或者应当知道其权利被侵害时起计算。但是从权利被侵害之日起超过二十年的，法院不予保护。有特殊情况，法院可以延长诉讼时效期间。当然，如果诉讼时效有中止、中断的情形，诉讼时效期间就应当相应的扣除、重新计算。这是我国《民法通则》对诉讼时效作出的一般规定。《著作权法》未对诉讼时效问题作出特殊规定。最高人民法院《关于审理著作权民事纠纷案件适用法律若干问题的解释》第二十八条规定，侵犯著作权的诉讼时效为两年，自著作权人知道或者应当知道侵权行为之日起计算。权利人超过两年起诉的，如果侵权行为在起诉时仍在持续，在该著作权保护期内，法院应当判决被告停止侵权行为；侵权损害赔偿数额应当自权利人向人民法院起诉之日起向前推算两年计算。该司法解释是著作权法律中有关诉讼时效的一般规定。根据该规定，需要注意的有如下几点内容：第一，侵犯著作权的诉讼时效期间仍然是两年；第二，诉讼时效期间的起算点仍然是权利人知道或者应当知道侵权行为之日；第三，如果权利人起诉时超过了两年诉讼时效期间，需要看被诉侵权行为是否属于持续性行为，如果不是持续性行为，权利人的起诉已经超过了诉讼时效，就丧失了胜诉权。如果被诉侵权行为属于持续性行为，且在起诉时该侵权行为仍然在持续，权利人的起诉即没有超过诉讼时效，权利人仍然享有胜诉权；第四，在权利人起诉时超过两年，但被诉侵权行为属于持续行为且在起诉时仍在持续的，尽管权利人未丧失胜诉权，但其获得赔偿的权利受到了一定的限制，即赔偿数额应当自权利人向法院起诉之日起向前推算两年计算。

在司法实践中，最容易发生争议的是诉讼时效的起算点问题，即如何确定权利人知道或者应当知道权利被侵害的日期。

在合同纠纷案件中，一般都有债务履行期限，这个问题比较容易确定。一般认为债务履行期届满时，债务人仍未履行债务，债权人即知道或应当知道其权利受到了侵害。但在侵权纠纷案件中，尤其是在侵犯著作权纠纷案件中，这个时间难以认定，也往往存在争议。本案中，这个问题就是双方争议的一个焦点。我们认为，首先诉讼时效抗辩是侵权人援引的抗辩理由，故对于权利人的起诉是否超过诉讼时效应当由侵权人进行举证，即侵权人对权利人知道或者应当知道权利被侵害的事实负有举证责任；其次，侵权行为发生时点不能当然作为诉讼时效期间的起算点。从法律规定上来看，也未规定侵权行为发生时点作为诉讼时效期间的起算点。而且从现实来看，侵权行为发生时，权利人并不一定知道其权利已经被侵害了，故以侵权行为发生作为起算点对权利人而言有失公允。尤其是在侵犯著作权的案件中，因权利人对其作品的自然控制力较弱，或者根本无法控制，其作品何时被侵权使用，权利人难以知晓。本案中，尽管被告杂志出版时间是 2002 年 3 月和 4 月，距原告起诉已经超过了两年，但是被告并无证据证明原告自该杂志出版时就知道或者应当知道该杂志上使用了其作品，而且原告又提供了其查询到涉案杂志的时间的证据，故法院认定原告起诉未超过诉讼时效，原告并未丧失胜诉权，仍然支持了原告的部分诉讼请求。

附录1：
中华人民共和国著作权法

（1990年9月7日第七届全国人民代表大会常务委员会第十五次会议通过 根据2001年10月27日第九届全国人民代表大会常务委员会第二十四次会议《关于修改〈中华人民共和国著作权法〉的决定》第一次修正 根据2010年2月26日第十一届全国人民代表大会常务委员会第十三次会议《关于修改〈中华人民共和国著作权法〉的决定》第二次修正）

目录

第一章　总则

第一条　为保护文学、艺术和科学作品作者的著作权，以及与著作权有关的权益，鼓励有益于社会主义精神文明、物质文明建设的作品的创作和传播，促进社会主义文化和科学事业的发展与繁荣，根据宪法制定本法。

第二条　中国公民、法人或者其他组织的作品，不论是否发表，依照本法享有著作权。

外国人、无国籍人的作品根据其作者所属国或者经常居住地国同中国签订的协议或者共同参加的国际条约享有的著作权，受本法保护。

外国人、无国籍人的作品首先在中国境内出版的，依照本法享有著作权。

未与中国签订协议或者共同参加国际条约的国家的作者以及无国籍人的作品首次在中国参加的国际条约的成员国出版的，或者在成员国和非成员国同时出版的，受本法保护。

第三条　本法所称的作品，包括以下列形式创作的文学、艺术和自然科学、社会科学、工程技术等作品：

（一）文字作品；

（二）口述作品；

（三）音乐、戏剧、曲艺、舞蹈、杂技艺术作品；

（四）美术、建筑作品；

（五）摄影作品；

（六）电影作品和以类似摄制电影的方法创作的作品；

（七）工程设计图、产品设计图、地图、示意图等图形作品和模型作品；

（八）计算机软件；

（九）法律、行政法规规定的其他作品。

第四条　著作权人行使著作权，不得违反宪法和法律，不得损害公共利益。国家对作品的出版、传播依法进行监督管理。

第五条　本法不适用于：

（一）法律、法规，国家机关的决议、决定、命令和其他具有立法、行政、司法性质的文件，及其官方正式译文；

（二）时事新闻；

（三）历法、通用数表、通用表格和公式。

第六条　民间文学艺术作品的著作权保护办法由国务院另行规定。

第七条　国务院著作权行政管理部门主管全国的著作权管理工作；各省、自治区、直辖市人民政府的著作权行政管理部门主管本行政区域的著作权管理工作。

第八条　著作权人和与著作权有关的权利人可以授权著作权集体管理组织行使著作权或者与著作权有关的权利。著作权集体管理组织被授权后，可以以自己的名义为著作权人和与著作权有关的权利人主张权利，并可以作为当事人进行涉及著作权或者与著作权有关的权利的诉讼、仲裁活动。

著作权集体管理组织是非营利性组织，其设立方式、权利义务、著作权许可使用费的收取和分配，以及对其监督和管理等由国务院另行规定。

第二章　著作权

第一节　著作权人及其权利

第九条　著作权人包括：

（一）作者；

（二）其他依照本法享有著作权的公民、法人或者其他组织。

第十条　著作权包括下列人身权和财产权：

（一）发表权，即决定作品是否公之于众的权利；

（二）署名权，即表明作者身份，在作品上署名的权利；

（三）修改权，即修改或者授权他人修改作品的权利；

（四）保护作品完整权，即保护作品不受歪曲、篡改的权利；

（五）复制权，即以印刷、复印、拓印、录音、录像、翻录、翻拍等方式将作品制作一份或者多份的权利；

（六）发行权，即以出售或者赠与方式向公众提供作品的原件或者复制件的权利；

（七）出租权，即有偿许可他人临时使用电影作品和以类似摄制电影的方法创作的作品、计算机软件的权利，计算机软件不是出租的主要标的的除外；

（八）展览权，即公开陈列美术作品、摄影作品的原件或者复制件的权利；

（九）表演权，即公开表演作品，以及用各种手段公开播送作品的表演的权利；

（十）放映权，即通过放映机、幻灯机等技术设备公开再现美术、摄影、电影和以类似摄制电影的方法创作的作品等的权利；

（十一）广播权，即以无线方式公开广播或者传播作品，以有线传播或者转播的方式向公众传播广播的作品，以及通过扩音器或者其他传送符号、声音、图像的类似工具向公众传播广播的作品的权利；

（十二）信息网络传播权，即以有线或者无线方式向公众提供作品，使公众可以在其个人选定的时间和地点获得作品的权利；

（十三）摄制权，即以摄制电影或者以类似摄制电影的方法将作品固定在载体上的权利；

（十四）改编权，即改变作品，创作出具有独创性的新作品的权利；

（十五）翻译权，即将作品从一种语言文字转换成另一种语言文字的权利；

（十六）汇编权，即将作品或者作品的片段通过选择或者编排，汇集成新作品的权利；

（十七）应当由著作权人享有的其他权利。

著作权人可以许可他人行使前款第（五）项至第（十七）项规定的权利，并依照约定或者本法有关规定获得报酬。

著作权人可以全部或者部分转让本条第一款第（五）项至第（十七）项规定的权利，并依照约定或者本法有关规定获得报酬。

第二节　著作权归属

第十一条　著作权属于作者，本法另有规定的除外。

创作作品的公民是作者。

由法人或者其他组织主持，代表法人或者其他组织意志创作，并由法人或者其他组织承担责任的作品，法人或者其他组织视为作者。

如无相反证明，在作品上署名的公民、法人或者其他组织为作者。

第十二条　改编、翻译、注释、整理已有作品而产生的作品，其著作权由改编、翻译、注释、整理人享有，但行使著作权时不得侵犯原作品的著作权。

第十三条　第十三条　两人以上合作创作的作品，著作权由合作作者共同享有。没有参加创作的人，不能成为合作作者。

合作作品可以分割使用的，作者对各自创作的部分可以单独享有著作权，但行使著作权时不得侵犯合作作品整体的著作权。

第十四条　汇编若干作品、作品的片段或者不构成作品的数据或者其他材料，对其内容的选择或者编排体现独创性的作品，为汇编作品，其著作权由汇编人享有，但行使著作权时，不得侵犯原作品的著作权。

第十五条　电影作品和以类似摄制电影的方法创作的作品的著作权由制片者享有，但编剧、导演、摄影、作词、作曲等作者享有署名权，并有权按照与制片者签订的合同获得报酬。

电影作品和以类似摄制电影的方法创作的作品中的剧本、音乐等可以单独使用的作品的作者有权单独行使其著作权。

第十六条 公民为完成法人或者其他组织工作任务所创作的作品是职务作品，除本条第二款的规定以外，著作权由作者享有，但法人或者其他组织有权在其业务范围内优先使用。作品完成两年内，未经单位同意，作者不得许可第三人以与单位使用的相同方式使用该作品。

有下列情形之一的职务作品，作者享有署名权，著作权的其他权利由法人或者其他组织享有，法人或者其他组织可以给予作者奖励：

（一）主要是利用法人或者其他组织的物质技术条件创作，并由法人或者其他组织承担责任的工程设计图、产品设计图、地图、计算机软件等职务作品；

（二）法律、行政法规规定或者合同约定著作权由法人或者其他组织享有的职务作品。

第十七条 受委托创作的作品，著作权的归属由委托人和受托人通过合同约定。合同未作明确约定或者没有订立合同的，著作权属于受托人。

第十八条 美术等作品原件所有权的转移，不视为作品著作权的转移，但美术作品原件的展览权由原件所有人享有。

第十九条 著作权属于公民的，公民死亡后，其本法第十条第一款第（五）项至第（十七）项规定的权利在本法规定的保护期内，依照继承法的规定转移。

著作权属于法人或者其他组织的，法人或者其他组织变更、终止后，其本法第十条第一款第（五）项至第（十七）项规定的权利在本法规定的保护期内，由承受其权利义务的法人或者其他组织享有；没有承受其权利义务的法人或者其他组织的，由国家享有。

第三节 权利的保护期

第二十条 作者的署名权、修改权、保护作品完整权的保护期不受限制。

第二十一条　公民的作品，其发表权、本法第十条第一款第（五）项至第（十七）项规定的权利的保护期为作者终生及其死亡后五十年，截止于作者死亡后第五十年的 12 月 31 日；如果是合作作品，截止于最后死亡的作者死亡后第五十年的 12 月 31 日。

法人或者其他组织的作品、著作权（署名权除外）由法人或者其他组织享有的职务作品，其发表权、本法第十条第一款第（五）项至第（十七）项规定的权利的保护期为五十年，截止于作品首次发表后第五十年的 12 月 31 日，但作品自创作完成后五十年内未发表的，本法不再保护。

电影作品和以类似摄制电影的方法创作的作品、摄影作品，其发表权、本法第十条第一款第（五）项至第（十七）项规定的权利的保护期为五十年，截止于作品首次发表后第五十年的 12 月 31 日，但作品自创作完成后五十年内未发表的，本法不再保护。

第四节　权利的限制

第二十二条　在下列情况下使用作品，可以不经著作权人许可，不向其支付报酬，但应当指明作者姓名、作品名称，并且不得侵犯著作权人依照本法享有的其他权利：

（一）为个人学习、研究或者欣赏，使用他人已经发表的作品；

（二）为介绍、评论某一作品或者说明某一问题，在作品中适当引用他人已经发表的作品；

（三）为报道时事新闻，在报纸、期刊、广播电台、电视台等媒体中不可避免地再现或者引用已经发表的作品；

（四）报纸、期刊、广播电台、电视台等媒体刊登或者播放其他报纸、期刊、广播电台、电视台等媒体已经发表的关于政治、经济、宗教问题的时事性文章，但作者声明不许刊登、播放的除外；

（五）报纸、期刊、广播电台、电视台等媒体刊登或者播放在公众集会上发表的讲话，但作者声明不许刊登、播放的除外；

（六）为学校课堂教学或者科学研究，翻译或者少量复制已经发表的作品，供教学或者科研人员使用，但不得出版发行；

（七）国家机关为执行公务在合理范围内使用已经发表的作品；

（八）图书馆、档案馆、纪念馆、博物馆、美术馆等为陈列或者保存版本的需要，复制本馆收藏的作品；

（九）免费表演已经发表的作品，该表演未向公众收取费用，也未向表演者支付报酬；

（十）对设置或者陈列在室外公共场所的艺术作品进行临摹、绘画、摄影、录像；

（十一）将中国公民、法人或者其他组织已经发表的以汉语言文字创作的作品翻译成少数民族语言文字作品在国内出版发行；

（十二）将已经发表的作品改成盲文出版。

前款规定适用于对出版者、表演者、录音录像制作者、广播电台、电视台的权利的限制。

第二十三条　为实施九年制义务教育和国家教育规划而编写出版教科书，除作者事先声明不许使用的外，可以不经著作权人许可，在教科书中汇编已经发表的作品片段或者短小的文字作品、音乐作品或者单幅的美术作品、摄影作品，但应当按照规定支付报酬，指明作者姓名、作品名称，并且不得侵犯著作权人依照本法享有的其他权利。

前款规定适用于对出版者、表演者、录音录像制作者、广播电台、电视台的权利的限制。

第三章　著作权许可使用和转让合同

第二十四条　使用他人作品应当同著作权人订立许可使用合同，本法规定可以不经许可的除外。

许可使用合同包括下列主要内容：

（一）许可使用的权利种类；

（二）许可使用的权利是专有使用权或者非专有使用权；

（三）许可使用的地域范围、期间；

（四）付酬标准和办法；

（五）违约责任；

（六）双方认为需要约定的其他内容。

第二十五条　转让本法第十条第一款第（五）项至第（十七）项规定的权利，应当订立书面合同。

权利转让合同包括下列主要内容：

（一）作品的名称；

（二）转让的权利种类、地域范围；

（三）转让价金；

（四）交付转让价金的日期和方式；

（五）违约责任；

（六）双方认为需要约定的其他内容。

第二十六条　以著作权出质的，由出质人和质权人向国务院著作权行政管理部门办理出质登记。

第二十七条　许可使用合同和转让合同中著作权人未明确许可、转让的权利，未经著作权人同意，另一方当事人不得行使。

第二十八条　使用作品的付酬标准可以由当事人约定，也可以按照国务院著作权行政管理部门会同有关部门制定的付酬标准支付报酬。当事人约定不明确的，按照国务院著作权行政管理部门会同有关部门制定的付酬标准支付报酬。

第二十九条　出版者、表演者、录音录像制作者、广播电台、电视台等依照本法有关规定使用他人作品的，不得侵犯作者的署名权、修改权、保护作品完整权和获得报酬的权利。

第四章　出版、表演、录音录像、播放

第一节　图书、报刊的出版

第三十条　图书出版者出版图书应当和著作权人订立出版合同，并支付报酬。

第三十一条　图书出版者对著作权人交付出版的作品，按照合同约定享有的专有出版权受法律保护，他人不得出版该作品。

第三十二条　著作权人应当按照合同约定期限交付作品。图书出版者应当按照合同约定的出版质量、期限出版图书。

图书出版者不按照合同约定期限出版，应当依照本法第五十四条的规定承担民事责任。

图书出版者重印、再版作品的，应当通知著作权人，并支付报酬。图书脱销后，图书出版者拒绝重印、再版的，著作权人有权终止合同。

第三十三条　著作权人向报社、期刊社投稿的，自稿件发出之日起十五日内未收到报社通知决定刊登的，或者自稿件发出之日起三十日内未收到期刊社通知决定刊登的，可以将同一作品向其他报社、期刊社投稿。双方另有约定的除外。

作品刊登后，除著作权人声明不得转载、摘编的外，其他报刊可以转载或者作为文摘、资料刊登，但应当按照规定向著作权人支付报酬。

第三十四条　图书出版者经作者许可，可以对作品修改、删节。

报社、期刊社可以对作品作文字性修改、删节。对内容的修改，应当经作者许可。

第三十五条　出版改编、翻译、注释、整理、汇编已有作品而产生的作品，应当取得改编、翻译、注释、整理、汇编作品的著作权人和原作品的著作权人许可，并支付报酬。

第三十六条　出版者有权许可或者禁止他人使用其出版的图书、期刊的版式设计。

前款规定的权利的保护期为十年，截止于使用该版式设计的图书、期刊首次出版后第十年的 12 月 31 日。

第二节　表演

第三十七条　使用他人作品演出，表演者（演员、演出单位）应当取得著作权人许可，并支付报酬。演出组织者组织演出，由该组织者取得著作权人许可，并支付报酬。

使用改编、翻译、注释、整理已有作品而产生的作品进行演出，应当取得改编、翻译、注释、整理作品的著作权人和原作品的著作权人许可，并支付报酬。

第三十八条　表演者对其表演享有下列权利：

（一）表明表演者身份；

（二）保护表演形象不受歪曲；

（三）许可他人从现场直播和公开传送其现场表演，并获得报酬；

（四）许可他人录音录像，并获得报酬；

（五）许可他人复制、发行录有其表演的录音录像制品，并获得报酬；

（六）许可他人通过信息网络向公众传播其表演，并获得报酬。

被许可人以前款第（三）项至第（六）项规定的方式使用作品，还应当取得著作权人许可，并支付报酬。

第三十九条　本法第三十八条第一款第（一）项、第（二）项规定的权利的保护期不受限制。

本法第三十八条第一款第（三）项至第（六）项规定的权利的保护期为五十年，截止于该表演发生后第五十年的 12 月 31 日。

第三节　录音录像

第四十条　录音录像制作者使用他人作品制作录音录像制品，应当取得著作权人许可，并支付报酬。

录音录像制作者使用改编、翻译、注释、整理已有作品而产生的作品，应当取得改编、翻译、注释、整理作品的著作权人和原作品著作权人许可，并支付报酬。

录音制作者使用他人已经合法录制为录音制品的音乐作品制作录音制品，可以不经著作权人许可，但应当按照规定支付报酬；著作权人声明不许使用的不得使用。

第四十一条　录音录像制作者制作录音录像制品，应当同表演者订立合同，并支付报酬。

第四十二条　录音录像制作者对其制作的录音录像制品，享有许可他人复制、发行、出租、通过信息网络向公众传播并获得报酬的权利；权利的保护期为五十年，截止于该制品首次制作完成后第五十年的 12 月 31 日。

被许可人复制、发行、通过信息网络向公众传播录音录像制品，还应当取得著作权人、表演者许可，并支付报酬。

第四节　广播电台、电视台播放

第四十三条　广播电台、电视台播放他人未发表的作品，应当取得著作权人许可，并支付报酬。

广播电台、电视台播放他人已发表的作品，可以不经著作权人许可，但应当支付报酬。

第四十四条　广播电台、电视台播放已经出版的录音制品，可以不经著作权人许可，但应当支付报酬。当事人另有约定的除外。具体办法由国务院规定。

第四十五条　广播电台、电视台有权禁止未经其许可的下列行为：

（一）将其播放的广播、电视转播；

（二）将其播放的广播、电视录制在音像载体上以及复制音像载体。

前款规定的权利的保护期为五十年，截止于该广播、电视首次播放后第五十年的 12 月 31 日。

第四十六条　电视台播放他人的电影作品和以类似摄制电影的方法创作的作品、录像制品，应当取得制片者或者录像制作者许可，并支付报酬；播放他人的录像制品，还应当取得著作权人许可，并支付报酬。

第五章　法律责任和执法措施

第四十七条　有下列侵权行为的，应当根据情况，承担停止侵害、消除影响、赔礼道歉、赔偿损失等民事责任：

（一）未经著作权人许可，发表其作品的；

（二）未经合作作者许可，将与他人合作创作的作品当作自己单独创作的作品发表的；

（三）没有参加创作，为谋取个人名利，在他人作品上署名的；

（四）歪曲、篡改他人作品的；

（五）剽窃他人作品的；

（六）未经著作权人许可，以展览、摄制电影和以类似摄制电影的方法使用作品，或者以改编、翻译、注释等方式使用作品的，本法另有规定的除外；

（七）使用他人作品，应当支付报酬而未支付的；

（八）未经电影作品和以类似摄制电影的方法创作的作品、计算机软件、录音录像制品的著作权人或者与著作权有关的权利人许可，出租其作品或者录音录像制品的，本法另有规定的除外；

（九）未经出版者许可，使用其出版的图书、期刊的版式设计的；

（十）未经表演者许可，从现场直播或者公开传送其现场表演，或者录制其表演的；

（十一）其他侵犯著作权以及与著作权有关的权益的行为。

第四十八条　有下列侵权行为的，应当根据情况，承担停止侵害、消除影响、赔礼道歉、赔偿损失等民事责任；同时损害公共利益的，可以由著作权行政管理部门责令停止侵权行为，没收违法所得，没收、销毁侵权复制品，并可处以罚款；情节严重的，著作权行政管理部门还可以没收主要用于制作侵权复制品的材料、工具、设备等；构成犯罪的，依法追究刑事责任：

（一）未经著作权人许可，复制、发行、表演、放映、广播、汇编、通过信息网络向公众传播其作品的，本法另有规定的除外；

（二）出版他人享有专有出版权的图书的；

（三）未经表演者许可，复制、发行录有其表演的录音录像制品，或者通过信息网络向公众传播其表演的，本法另有规定的除外；

（四）未经录音录像制作者许可，复制、发行、通过信息网络向公众传播其制作的录音录像制品的，本法另有规定的除外；

（五）未经许可，播放或者复制广播、电视的，本法另有规定的除外；

（六）未经著作权人或者与著作权有关的权利人许可，故意避开或者破坏权利人为其作品、录音录像制品等采取的保护著作权或者与著作权有关的权利的技术措施的，法律、行政法规另有规定的除外；

（七）未经著作权人或者与著作权有关的权利人许可，故意删除或者改变作品、录音录像制品等的权利管理电子信息的，法律、行政法规另有规定的除外；

（八）制作、出售假冒他人署名的作品的。

第四十九条 侵犯著作权或者与著作权有关的权利的，侵权人应当按照权利人的实际损失给予赔偿；实际损失难以计算的，可以按照侵权人的违法所得给予赔偿。赔偿数额还应当包括权利人为制止侵权行为所支付的合理开支。

权利人的实际损失或者侵权人的违法所得不能确定的，由人民法院根据侵权行为的情节，判决给予五十万元以下的赔偿。

第五十条　著作权人或者与著作权有关的权利人有证据证明他人正在实施或者即将实施侵犯其权利的行为，如不及时制止将会使其合法权益受到难以弥补的损害的，可以在起诉前向人民法院申请采取责令停止有关行为和财产保全的措施。

人民法院处理前款申请，适用《中华人民共和国民事诉讼法》第九十三条至第九十六条和第九十九条的规定。

第五十一条　为制止侵权行为，在证据可能灭失或者以后难以取得的情况下，著作权人或者与著作权有关的权利人可以在起诉前向人民法院申请保全证据。

人民法院接受申请后，必须在四十八小时内作出裁定；裁定采取保全措施的，应当立即开始执行。

人民法院可以责令申请人提供担保，申请人不提供担保的，驳回申请。

申请人在人民法院采取保全措施后十五日内不起诉的，人民法院应当解除保全措施。

第五十二条　人民法院审理案件，对于侵犯著作权或者与著作权有关的权利的，可以没收违法所得、侵权复制品以及进行违法活动的财物。

第五十三条　复制品的出版者、制作者不能证明其出版、制作有合法授权的，复制品的发行者或者电影作品或者以类似摄制电影的方法创作的作品、计算机软件、录音录像制品的复制品的出租者不能证明其发行、出租的复制品有合法来源的，应当承担法律责任。

第五十四条　当事人不履行合同义务或者履行合同义务不符合约定条件的，应当依照《中华人民共和国民法通则》、《中华人民共和国合同法》等有关法律规定承担民事责任。

第五十五条　著作权纠纷可以调解，也可以根据当事人达成的书面仲裁协议或者著作权合同中的仲裁条款，向仲裁机构申请仲裁。

当事人没有书面仲裁协议，也没有在著作权合同中订立仲裁条款的，可以直接向人民法院起诉。

第五十六条　当事人对行政处罚不服的，可以自收到行政处罚决定书之日起三个月内向人民法院起诉，期满不起诉又不履行的，著作权行政管理部门可以申请人民法院执行。

第六章　附则

第五十七条　本法所称的著作权即版权。

第五十八条　本法第二条所称的出版，指作品的复制、发行。

第五十九条　计算机软件、信息网络传播权的保护办法由国务院另行规定。

第六十条　本法规定的著作权人和出版者、表演者、录音录像制作者、广播电台、电视台的权利，在本法施行之日尚未超过本法规定的保护期的，依照本法予以保护。

本法施行前发生的侵权或者违约行为，依照侵权或者违约行为发生时的有关规定和政策处理。

第六十一条　本法自 1991 年 6 月 1 日起施行。

附录 2：
中华人民共和国著作权法实施条例

（2002 年 8 月 2 日中华人民共和国国务院令第 359 号公布根据 2011 年 1 月 8 日《国务院关于废止和修改部分行政法规的决定》第一次修订根据 2013 年 1 月 30 日《国务院关于修改〈中华人民共和国著作权法实施条例〉的决定》第二次修订）

第一条 根据《中华人民共和国著作权法》（以下简称著作权法），制定本条例。

第二条 著作权法所称作品，是指文学、艺术和科学领域内具有独创性并能以某种有形形式复制的智力成果。

第三条 著作权法所称创作，是指直接产生文学、艺术和科学作品的智力活动。

为他人创作进行组织工作，提供咨询意见、物质条件，或者进行其他辅助工作，均不视为创作。

第四条 著作权法和本条例中下列作品的含义：

（一）文字作品，是指小说、诗词、散文、论文等以文字形式表现的作品；

（二）口述作品，是指即兴的演说、授课、法庭辩论等以口头语言形式表现的作品；

（三）音乐作品，是指歌曲、交响乐等能够演唱或者演奏的带词或者不带词的作品；

（四）戏剧作品，是指话剧、歌剧、地方戏等供舞台演出的作品；

（五）曲艺作品，是指相声、快书、大鼓、评书等以说唱为主要形式表演的作品；

（六）舞蹈作品，是指通过连续的动作、姿势、表情等表现思想情感的作品；

（七）杂技艺术作品，是指杂技、魔术、马戏等通过形体动作和技巧表现的作品；

（八）美术作品，是指绘画、书法、雕塑等以线条、色彩或者其他方式构成的有审美意义的平面或者立体的造型艺术作品；

（九）建筑作品，是指以建筑物或者构筑物形式表现的有审美意义的作品；

（十）摄影作品，是指借助器械在感光材料或者其他介质上记录客观物体形象的艺术作品；

（十一）电影作品和以类似摄制电影的方法创作的作品，是指摄制在一定介质上，由一系列有伴音或者无伴音的画面组成，并且借助适当装置放映或者以其他方式传播的作品；

（十二）图形作品，是指为施工、生产绘制的工程设计图、产品设计图，以及反映地理现象、说明事物原理或者结构的地图、示意图等作品；

（十三）模型作品，是指为展示、试验或者观测等用途，根据物体的形状和结构，按照一定比例制成的立体作品。

第五条 著作权法和本条例中下列用语的含义：

（一）时事新闻，是指通过报纸、期刊、广播电台、电视台等媒体报道的单纯事实消息；

（二）录音制品，是指任何对表演的声音和其他声音的录制品；

（三）录像制品，是指电影作品和以类似摄制电影的方法创作的作品以外的任何有伴音或者无伴音的连续相关形象、图像的录制品；

（四）录音制作者，是指录音制品的首次制作人；

（五）录像制作者，是指录像制品的首次制作人；

（六）表演者，是指演员、演出单位或者其他表演文学、艺术作品的人。

第六条 著作权自作品创作完成之日起产生。

第七条 著作权法第二条第三款规定的首先在中国境内出版的外国人、无国籍人的作品，其著作权自首次出版之日起受保护。

第八条 外国人、无国籍人的作品在中国境外首先出版后，30 日内在中国境内出版的，视为该作品同时在中国境内出版。

第九条 合作作品不可以分割使用的，其著作权由各合作作者共同享有，通过协商一致行使；不能协商一致，又无正当理由的，任何一方不得阻止他方行使除转让以外的其他权利，但是所得收益应当合理分配给所有合作作者。

第十条 著作权人许可他人将其作品摄制成电影作品和以类似摄制电影的方法创作的作品的，视为已同意对其作品进行必要的改动，但是这种改动不得歪曲篡改原作品。

第十一条 著作权法第十六条第一款关于职务作品的规定中的“工作任务”，是指公民在该法人或者该组织中应当履行的职责。

著作权法第十六条第二款关于职务作品的规定中的“物质技术条件”，是指该法人或者该组织为公民完成创作专门提供的资金、设备或者资料。

第十二条 职务作品完成两年内，经单位同意，作者许可第三人以与单位使用的相同方式使用作品所获报酬，由作者与单位按约定的比例分配。

作品完成两年的期限，自作者向单位交付作品之日起计算。

第十三条 作者身份不明的作品，由作品原件的所有人行使除署名权以外的著作权。作者身份确定后，由作者或者其继承人行使著作权。

第十四条 合作作者之一死亡后，其对合作作品享有的著作权法第十条第一款第五项至第十七项规定的权利无人继承又无人受遗赠的，由其他合作作者享有。

第十五条 作者死亡后，其著作权中的署名权、修改权和保护作品完整权由作者的继承人或者受遗赠人保护。

著作权无人继承又无人受遗赠的，其署名权、修改权和保护作品完整权由著作权行政管理部门保护。

第十六条 国家享有著作权的作品的使用，由国务院著作权行政管理部门管理。

第十七条 作者生前未发表的作品，如果作者未明确表示不发表，作者死亡后 50 年内，其发表权可由继承人或者受遗赠人行使；没有继承人又无人受遗赠的，由作品原件的所有人行使。

第十八条 作者身份不明的作品，其著作权法第十条第一款第五项至第十七项规定的权利的保护期截止于作品首次发表后第 50 年的 12 月 31 日。作者身份确定后，适用著作权法第二十一条的规定。

第十九条 使用他人作品的，应当指明作者姓名、作品名称；但是，当事人另有约定或者由于作品使用方式的特性无法指明的除外。

第二十条 著作权法所称已经发表的作品，是指著作权人自行或者许可他人公之于众的作品。

第二十一条 依照著作权法有关规定，使用可以不经著作权人许可的已经发表的作品的，不得影响该作品的正常使用，也不得不合理地损害著作权人的合法利益。

第二十二条 依照著作权法第二十三条、第三十三条第二款、第四十条第三款的规定使用作品的付酬标准，由国务院著作权行政管理部门会同国务院价格主管部门制定、公布。

第二十三条 使用他人作品应当同著作权人订立许可使用合同，许可使用的权利是专有使用权的，应当采取书面形式，但是报社、期刊社刊登作品除外。

第二十四条 著作权法第二十四条规定的专有使用权的内容由合同约定，合同没有约定或者约定不明的，视为被许可人有权排除包括著作权人在内的任何人以同样的方式使用作品；除合同另有约定外，被许可人许可第三人行使同一权利，必须取得著作权人的许可。

第二十五条 与著作权人订立专有许可使用合同、转让合同的，可以向著作权行政管理部门备案。

第二十六条 著作权法和本条例所称与著作权有关的权益，是指出版者对其出版的图书和期刊的版式设计享有的权利，表演者对其表演享有的权利，录音录像制作者对其制作的录音录像制品享有的权利，广播电台、电视台对其播放的广播、电视节目享有的权利。

第二十七条 出版者、表演者、录音录像制作者、广播电台、电视台行使权利，不得损害被使用作品和原作品著作权人的权利。

第二十八条 图书出版合同中约定图书出版者享有专有出版权但没有明确其具体内容的，视为图书出版者享有在合同有效期限内和在合同约定的地域范围内以同种文字的原版、修订版出版图书的专有权利。

第二十九条 著作权人寄给图书出版者的两份订单在 6 个月内未能得到履行，视为著作权法第三十二条所称图书脱销。

第三十条 著作权人依照著作权法第三十三条第二款声明不得转载、摘编其作品的，应当在报纸、期刊刊登该作品时附带声明。

第三十一条 著作权人依照著作权法第四十条第三款声明不得对其作品制作录音制品的，应当在该作品合法录制为录音制品时声明。

第三十二条 依照著作权法第二十三条、第三十三条第二款、第四十条第三款的规定，使用他人作品的，应当自使用该作品之日起 2 个月内向著作权人支付报酬。

第三十三条 外国人、无国籍人在中国境内的表演，受著作权法保护。

外国人、无国籍人根据中国参加的国际条约对其表演享有的权利，受著作权法保护。

第三十四条 外国人、无国籍人在中国境内制作、发行的录音制品，受著作权法保护。

外国人、无国籍人根据中国参加的国际条约对其制作、发行的录音制品享有的权利，受著作权法保护。

第三十五条 外国的广播电台、电视台根据中国参加的国际条约对其播放的广播、电视节目享有的权利，受著作权法保护。

第三十六条 有著作权法第四十八条所列侵权行为，同时损害社会公共利益，非法经营额5万元以上的，著作权行政管理部门可处非法经营额1倍以上5倍以下的罚款；没有非法经营额或者非法经营额5万元以下的，著作权行政管理部门根据情节轻重，可处25万元以下的罚款。

第三十七条 有著作权法第四十八条所列侵权行为，同时损害社会公共利益的，由地方人民政府著作权行政管理部门负责查处。

国务院著作权行政管理部门可以查处在全国有重大影响的侵权行为。

第三十八条 本条例自2002年9月15日起施行。1991年5月24日国务院批准、1991年5月30日国家版权局发布的《中华人民共和国著作权法实施条例》同时废止。

附录3：

信息网络传播权保护条例

（2006年5月18日中华人民共和国国务院令第468号公布 根据2013年1月30日《国务院关于修改〈信息网络传播权保护条例〉的决定》修订）

2006年5月10日国务院第135次常务会议通过 2006年5月18日中华人民共和国国务院令第468号公布 自2006年7月1日起施行。

第一条　为保护著作权人、表演者、录音录像制作者（以下统称权利人）的信息网络传播权，鼓励有益于社会主义精神文明、物质文明建设的作品的创作和传播，根据《中华人民共和国著作权法》（以下简称著作权法），制定本条例。

第二条　权利人享有的信息网络传播权受著作权法和本条例保护。除法律、行政法规另有规定的外，任何组织或者个人将他人的作品、表演、录音录像制品通过信息网络向公众提供，应当取得权利人许可，并支付报酬。

第三条　依法禁止提供的作品、表演、录音录像制品，不受本条例保护。

权利人行使信息网络传播权，不得违反宪法和法律、行政法规，不得损害公共利益。

第四条　为了保护信息网络传播权，权利人可以采取技术措施。

任何组织或者个人不得故意避开或者破坏技术措施，不得故意制造、进口或者向公众提供主要用于避开或者破坏技术措施的装置或者部件，不得故意为他人避开或者破坏技术措施提供技术服务。但是，法律、行政法规规定可以避开的除外。

第五条　未经权利人许可，任何组织或者个人不得进行下列行为：

（一）故意删除或者改变通过信息网络向公众提供的作品、表演、录音录像制品的权利管理电子信息，但由于技术上的原因无法避免删除或者改变的除外；

（二）通过信息网络向公众提供明知或者应知未经权利人许可被删除或者改变权利管理电子信息的作品、表演、录音录像制品。

第六条　通过信息网络提供他人作品，属于下列情形的，可以不经著作权人许可，不向其支付报酬：

（一）为介绍、评论某一作品或者说明某一问题，在向公众提供的作品中适当引用已经发表的作品；

（二）为报道时事新闻，在向公众提供的作品中不可避免地再现或者引用已经发表的作品；

（三）为学校课堂教学或者科学研究，向少数教学、科研人员提供少量已经发表的作品；

（四）国家机关为执行公务，在合理范围内向公众提供已经发表的作品；

（五）将中国公民、法人或者其他组织已经发表的、以汉语言文字创作的作品翻译成的少数民族语言文字作品，向中国境内少数民族提供；

（六）不以营利为目的，以盲人能够感知的独特方式向盲人提供已经发表的文字作品；

（七）向公众提供在信息网络上已经发表的关于政治、经济问题的时事性文章；

（八）向公众提供在公众集会上发表的讲话。

第七条　图书馆、档案馆、纪念馆、博物馆、美术馆等可以不经著作权人许可，通过信息网络向本馆馆舍内服务对象提供本馆收藏的合法出版的数字作品和依法为陈列或者保存版本的需要以数字化形式复制的作品，不向其支付报酬，但不得直接或者间接获得经济利益。当事人另有约定的除外。

前款规定的为陈列或者保存版本需要以数字化形式复制的作品，应当是已经损毁或者濒临损毁、丢失或者失窃，或者其存储格式已经过时，并且在市场上无法购买或者只能以明显高于标定的价格购买的作品。

第八条　为通过信息网络实施九年制义务教育或者国家教育规划，可以不经著作权人许可，使用其已经发表作品的片断或者短小的文字作品、音乐作品或者单幅的美术作品、摄影作品制作课件，由制作课件或者依法取得课件的远程教育机构通过信息网络向注册学生提供，但应当向著作权人支付报酬。

第九条　为扶助贫困，通过信息网络向农村地区的公众免费提供中国公民、法人或者其他组织已经发表的种植养殖、防病治病、防灾减灾等与扶助贫困有关的作品和适应基本文化需求的作品，网络服务提供者应当在提供前公告拟提供的作品及其作者、拟支付报酬的标准。自公告之日起 30 日内，著作权人不同意提供的，网络服务提供者不得提供其作品；自公告之日起满 30 日，著作权人没有异议的，网络服务提供者可以提供其作品，并按照公告的标准向著作权人支付报酬。网络服务提供者提供著作权人的作品后，著作权人不同意提供的，网络服务提供者应当立即删除著作权人的作品，并按照公告的标准向著作权人支付提供作品期间的报酬。

依照前款规定提供作品的，不得直接或者间接获得经济利益。

第十条　依照本条例规定不经著作权人许可、通过信息网络向公众提供其作品的，还应当遵守下列规定：

（一）除本条例第六条第（一）项至第（六）项、第七条规定的情形外，不得提供作者事先声明不许提供的作品；

（二）指明作品的名称和作者的姓名（名称）；

（三）依照本条例规定支付报酬；

（四）采取技术措施，防止本条例第七条、第八条、第九条规定的服务对象以外的其他人获得著作权人的作品，并防止本条例第七条规定的服务对象的复制行为对著作权人利益造成实质性损害；

（五）不得侵犯著作权人依法享有的其他权利。

第十一条　通过信息网络提供他人表演、录音录像制品的，应当遵守本条例第六条至第十条的规定。

第十二条　属于下列情形的，可以避开技术措施，但不得向他人提供避开技术措施的技术、装置或者部件，不得侵犯权利人依法享有的其他权利：

（一）为学校课堂教学或者科学研究，通过信息网络向少数教学、科研人员提供已经发表的作品、表演、录音录像制品，而该作品、表演、录音录像制品只能通过信息网络获取；

（二）不以营利为目的，通过信息网络以盲人能够感知的独特方式向盲人提供已经发表的文字作品，而该作品只能通过信息网络获取；

（三）国家机关依照行政、司法程序执行公务；

（四）在信息网络上对计算机及其系统或者网络的安全性能进行测试。

第十三条　著作权行政管理部门为了查处侵犯信息网络传播权的行为，可以要求网络服务提供者提供涉嫌侵权的服务对象的姓名（名称）、联系方式、网络地址等资料。

第十四条　对提供信息存储空间或者提供搜索、链接服务的网络服务提供者，权利人认为其服务所涉及的作品、表演、录音录像制品，侵犯自己的信息网络传播权或者被删除、改变了自己的权利管理电子信息的，可以向该网络服务提供者提交书面通知，要求网络服务提供者删除该作品、表演、录音录像制品，或者断开与该作品、表演、录音录像制品的链接。通知书应当包含下列内容：

（一）权利人的姓名（名称）、联系方式和地址；

（二）要求删除或者断开链接的侵权作品、表演、录音录像制品的名称和网络地址；

（三）构成侵权的初步证明材料。

权利人应当对通知书的真实性负责。

第十五条　网络服务提供者接到权利人的通知书后，应当立即删除涉嫌侵权的作品、表演、录音录像制品，或者断开与涉嫌侵权的作品、表演、录音录像制品的链接，并同时将通知书转送提供作品、表演、录音录像制品的服务对象；服务对象网络地址不明、无法转送的，应当将通知书的内容同时在信息网络上公告。

第十六条　服务对象接到网络服务提供者转送的通知书后，认为其提供的作品、表演、录音录像制品未侵犯他人权利的，可以向网络服务提供者提交书面说明，要求恢复被删除的作品、表演、录音录像制品，或者恢复与被断开的作品、表演、录音录像制品的链接。书面说明应当包含下列内容：

（一）服务对象的姓名（名称）、联系方式和地址；

（二）要求恢复的作品、表演、录音录像制品的名称和网络地址；

（三）不构成侵权的初步证明材料。

服务对象应当对书面说明的真实性负责。

第十七条　网络服务提供者接到服务对象的书面说明后，应当立即恢复被删除的作品、表演、录音录像制品，或者可以恢复与被断开的作品、表演、录音录像制品的链接，同时将服务对象的书面说明转送权利人。权利人不得再通知网络服务提供者删除该作品、表演、录音录像制品，或者断开与该作品、表演、录音录像制品的链接。

第十八条　违反本条例规定，有下列侵权行为之一的，根据情况承担停止侵害、消除影响、赔礼道歉、赔偿损失等民事责任；同时损害公共利益的，可以由著作权行政管理部门责令停止侵权行为，没收违法所得，非法经营额 5 万元以上的，可处非法经营额 1 倍以上 5 倍以下的罚款;没有非法经营额或者非法经营额5万元以下的,根据情节轻重,可处25万元以下的罚款;情节严重的,著作权行政管理部门可以没收主要用于提供网络服务的计算机等设备;构成犯罪的,依法追究刑事责任:

(一)通过信息网络擅自向公众提供他人的作品、表演、录音录像制品的;

(二)故意避开或者破坏技术措施的;

(三)故意删除或者改变通过信息网络向公众提供的作品、表演、录音录像制品的权利管理电子信息,或者通过信息网络向公众提供明知或者应知未经权利人许可而被删除或者改变权利管理电子信息的作品、表演、录音录像制品的;

(四)为扶助贫困通过信息网络向农村地区提供作品、表演、录音录像制品超过规定范围,或者未按照公告的标准支付报酬,或者在权利人不同意提供其作品、表演、录音录像制品后未立即删除的;

(五)通过信息网络提供他人的作品、表演、录音录像制品,未指明作品、表演、录音录像制品的名称或者作者、表演者、录音录像制作者的姓名(名称),或者未支付报酬,或者未依照本条例规定采取技术措施防止服务对象以外的其他人获得他人的作品、表演、录音录像制品,或者未防止服务对象的复制行为对权利人利益造成实质性损害的。

第十九条 违反本条例规定,有下列行为之一的,由著作权行政管理部门予以警告,没收违法所得,没收主要用于避开、破坏技术措施的装置或者部件;情节严重的,可以没收主要用于提供网络服务的计算机等设备;非法经营额5万元以上的,可处非法经营额1倍以上5倍以下的罚款;没有非法经营额或者非法经营额5万元以下的,根据情节轻重,可处25万元以下的罚款;构成犯罪的,依法追究刑事责任:

(一)故意制造、进口或者向他人提供主要用于避开、破坏技术措施的装置或者部件,或者故意为他人避开或者破坏技术措施提供技术服务的；

（二）通过信息网络提供他人的作品、表演、录音录像制品，获得经济利益的；

（三）为扶助贫困通过信息网络向农村地区提供作品、表演、录音录像制品，未在提供前公告作品、表演、录音录像制品的名称和作者、表演者、录音录像制作者的姓名（名称）以及报酬标准的。

第二十条　网络服务提供者根据服务对象的指令提供网络自动接入服务，或者对服务对象提供的作品、表演、录音录像制品提供自动传输服务，并具备下列条件的，不承担赔偿责任：

（一）未选择并且未改变所传输的作品、表演、录音录像制品；

（二）向指定的服务对象提供该作品、表演、录音录像制品，并防止指定的服务对象以外的其他人获得。

第二十一条　网络服务提供者为提高网络传输效率，自动存储从其他网络服务提供者获得的作品、表演、录音录像制品，根据技术安排自动向服务对象提供，并具备下列条件的，不承担赔偿责任：

（一）未改变自动存储的作品、表演、录音录像制品；

（二）不影响提供作品、表演、录音录像制品的原网络服务提供者掌握服务对象获取该作品、表演、录音录像制品的情况；

（三）在原网络服务提供者修改、删除或者屏蔽该作品、表演、录音录像制品时，根据技术安排自动予以修改、删除或者屏蔽。

第二十二条　网络服务提供者为服务对象提供信息存储空间，供服务对象通过信息网络向公众提供作品、表演、录音录像制品，并具备下列条件的，不承担赔偿责任：

（一）明确标示该信息存储空间是为服务对象所提供，并公开网络服务提供者的名称、联系人、网络地址；

（二）未改变服务对象所提供的作品、表演、录音录像制品；

（三）不知道也没有合理的理由应当知道服务对象提供的作品、

表演、录音录像制品侵权；

（四）未从服务对象提供作品、表演、录音录像制品中直接获得经济利益；

（五）在接到权利人的通知书后，根据本条例规定删除权利人认为侵权的作品、表演、录音录像制品。

第二十三条　网络服务提供者为服务对象提供搜索或者链接服务，在接到权利人的通知书后，根据本条例规定断开与侵权的作品、表演、录音录像制品的链接的，不承担赔偿责任；但是，明知或者应知所链接的作品、表演、录音录像制品侵权的，应当承担共同侵权责任。

第二十四条　因权利人的通知导致网络服务提供者错误删除作品、表演、录音录像制品，或者错误断开与作品、表演、录音录像制品的链接，给服务对象造成损失的，权利人应当承担赔偿责任。

第二十五条　网络服务提供者无正当理由拒绝提供或者拖延提供涉嫌侵权的服务对象的姓名（名称）、联系方式、网络地址等资料的，由著作权行政管理部门予以警告；情节严重的，没收主要用于提供网络服务的计算机等设备。

第二十六条　本条例下列用语的含义：

信息网络传播权，是指以有线或者无线方式向公众提供作品、表演或者录音录像制品，使公众可以在其个人选定的时间和地点获得作品、表演或者录音录像制品的权利。

技术措施，是指用于防止、限制未经权利人许可浏览、欣赏作品、表演、录音录像制品的或者通过信息网络向公众提供作品、表演、录音录像制品的有效技术、装置或者部件。

权利管理电子信息，是指说明作品及其作者、表演及其表演者、录音录像制品及其制作者的信息，作品、表演、录音录像制品权利人的信息和使用条件的信息，以及表示上述信息的数字或者代码。

第二十七条　本条例自 2006 年 7 月 1 日起施行。

附录4：

著作权集体管理条例

（2004 年 12 月 28 日国务院公布　2005 年 3 月 1 日起施行）

第一章　总则

第一条　为了规范著作权集体管理活动，便于著作权人和与著作权有关的权利人（以下简称权利人）行使权利和使用者使用作品，根据《中华人民共和国著作权法》（以下简称著作权法）制定本条例。

第二条　本条例所称著作权集体管理，是指著作权集体管理组织经权利人授权，集中行使权利人的有关权利并以自己的名义进行的下列活动：

（一）与使用者订立著作权或者与著作权有关的权利许可使用合同（以下简称许可使用合同）；

（二）向使用者收取使用费；

（三）向权利人转付使用费；

（四）进行涉及著作权或者与著作权有关的权利的诉讼、仲裁等。

第三条　本条例所称著作权集体管理组织，是指为权利人的利益依法设立，根据权利人授权、对权利人的著作权或者与著作权有关的权利进行集体管理的社会团体。

著作权集体管理组织应当依照有关社会团体登记管理的行政法规和本条例的规定进行登记并开展活动。

第四条　著作权法规定的表演权、放映权、广播权、出租权、信息网络传播权、复制权等权利人自己难以有效行使的权利，可以由著作权集体管理组织进行集体管理。

第五条　国务院著作权管理部门主管全国的著作权集体管理工作。

第六条　除依照本条例规定设立的著作权集体管理组织外，任何组织和个人不得从事著作权集体管理活动。

第二章　著作权集体管理组织的设立

第七条　依法享有著作权或者与著作权有关的权利的中国公民、法人或者其他组织，可以发起设立著作权集体管理组织。

设立著作权集体管理组织，应当具备下列条件：

（一）发起设立著作权集体管理组织的权利人不少于 50 人；

（二）不与已经依法登记的著作权集体管理组织的业务范围交叉、重合；

（三）能在全国范围代表相关权利人的利益；

（四）有著作权集体管理组织的章程草案、使用费收取标准草案和向权利人转付使用费的办法（以下简称使用费转付办法）草案。

第八条　著作权集体管理组织章程应当载明下列事项：

（一）名称、住所；

（二）设立宗旨；

（三）业务范围；

（四）组织机构及其职权；

（五）会员大会的最低人数；

（六）理事会的职责及理事会负责人的条件和产生、罢免的程序；

（七）管理费提取、使用办法；

（八）会员加入、退出著作权集体管理组织的条件、程序；

（九）章程的修改程序；

（十）著作权集体管理组织终止的条件、程序和终止后资产的处理。

第九条　申请设立著作权集体管理组织，应当向国务院著作权管理部门提交证明符合本条例第七条规定的条件的材料。国务院著作权管理部门应当自收到材料之日起 60 日内，作出批准或者不予批准的决定。批准的，发给著作权集体管理许可证；不予批准的，应当说明理由。

第十条　申请人应当自国务院著作权管理部门发给著作权集体管理许可证之日起 30 日内，依照有关社会团体登记管理的行政法规到国务院民政部门办理登记手续。

第十一条　依法登记的著作权集体管理组织，应当自国务院民政部门发给登记证书之日起 30 日内，将其登记证书副本报国务院著作权管理部门备案；国务院著作权管理部门应当将报备的登记证书副本以及著作权集体管理组织章程、使用费收取标准、使用费转付办法予以公告。

第十二条　著作权集体管理组织设立分支机构，应当经国务院著作权管理部门批准，并依照有关社会团体登记管理的行政法规到国务院民政部门办理登记手续。经依法登记的，应当将分支机构的登记证书副本报国务院著作权管理部门备案，由国务院著作权管理部门予以公告。

第十三条　著作权集体管理组织应当根据下列因素制定使用费收取标准：

（一）使用作品、录音录像制品等的时间、方式和地域范围；

（二）权利的种类；

（三）订立许可使用合同和收取使用费工作的繁简程度。

第十四条　著作权集体管理组织应当根据权利人的作品或者录音录像制品等使用情况制定使用费转付办法。

第十五条　著作权集体管理组织修改章程，应当将章程修改草案报国务院著作权管理部门批准，并依法经国务院民政部门核准后，由国务院著作权管理部门予以公告。

第十六条　著作权集体管理组织被依法撤销登记的，自被撤销登记之日起不得再进行著作权集体管理业务活动。

第三章　著作权集体管理组织的机构

第十七条　著作权集体管理组织会员大会（以下简称会员大会）为著作权集体管理组织的权力机构。

会员大会由理事会依照本条例规定负责召集。理事会应当于会员大会召开 60 日以前将会议的时间、地点和拟审议事项予以公告；出席会员大会的会员，应当于会议召开 30 日以前报名。报名出席会员大会的会员少于章程规定的最低人数时，理事会应当将会员大会报名情况予以公告，会员可以于会议召开 5 日以前补充报名，并由全部报名出席会员大会的会员举行会员大会。

会员大会行使下列职权：

（一）制定和修改章程；

（二）制定和修改使用费收取标准；

（三）制定和修改使用费转付办法；

（四）选举和罢免理事；

（五）审议批准理事会的工作报告和财务报告；

（六）制定内部管理制度；

（七）决定使用费转付方案和著作权集体管理组织提取管理费的比例；

（八）决定其他重大事项。

会员大会每年召开一次；经 10% 以上会员或者理事会提议，可以召开临时会员大会。会员大会作出决定，应当经出席会议的会员过半数表决通过。

第十八条　著作权集体管理组织设立理事会，对会员大会负责，执行会员大会决定。理事会成员不得少于 9 人。

理事会任期为 4 年，任期届满应当进行换届选举。因特殊情况可以提前或者延期换届，但是换届延期不得超过 1 年。

第四章　著作权集体管理活动

第十九条　权利人可以与著作权集体管理组织以书面形式订立著作权集体管理合同，授权该组织对其依法享有的著作权或者与著作权有关的权利进行管理。权利人符合章程规定加入条件的，著作权集体管理组织应当与其订立著作权集体管理合同，不得拒绝。

权利人与著作权集体管理组织订立著作权集体管理合同并按照章程规定履行相应手续后，即成为该著作权集体管理组织的会员。

第二十条　权利人与著作权集体管理组织订立著作权集体管理合同后，不得在合同约定期限内自己行使或者许可他人行使合同约定的由著作权集体管理组织行使的权利。

第二十一条　权利人可以依照章程规定的程序，退出著作权集体管理组织，终止著作权集体管理合同。但是，著作权集体管理组织已经与他人订立许可使用合同的，该合同在期限届满前继续有效；该合同有效期内，权利人有权获得相应的使用费并可以查阅有关业务材料。

第二十二条　外国人、无国籍人可以通过与中国的著作权集体管理组织订立相互代表协议的境外同类组织，授权中国的著作权集体管理组织管理其依法在中国境内享有的著作权或者与著作权有关的权利。

前款所称相互代表协议，是指中国的著作权集体管理组织与境外的同类组织相互授权对方在其所在国家或者地区进行集体管理活动的协议。

著作权集体管理组织与境外同类组织订立的相互代表协议应当报国务院著作权管理部门备案，由国务院著作权管理部门予以公告。

第二十三条　著作权集体管理组织许可他人使用其管理的作品、录音录像制品等，应当与使用者以书面形式订立许可使用合同。

著作权集体管理组织不得与使用者订立专有许可使用合同。

使用者以合理的条件要求与著作权集体管理组织订立许可使用合同，著作权集体管理组织不得拒绝。

许可使用合同的期限不得超过 2 年；合同期限届满可以续订。

第二十四条　著作权集体管理组织应当建立权利信息查询系统，供权利人和使用者查询。权利信息查询系统应当包括著作权集体管理组织管理的权利种类和作品、录音录像制品等的名称、权利人姓名或者名称、授权管理的期限。

权利人和使用者对著作权集体管理组织管理的权利的信息进行咨询时，该组织应当予以答复。

第二十五条　除著作权法第二十三条、第三十三条第二款、第四十条第三款、第四十三条第二款和第四十四条规定应当支付的使用费外（注：原文为："除著作权法第二十三条、第三十二条第二款、第三十九条第三款、第四十二条第二款和第四十三条规定应当支付的使用费外"），著作权集体管理组织应当根据国务院著作权管理部门公告的使用费收取标准，与使用者约定收取使用费的具体数额。

第二十六条　两个或者两个以上著作权集体管理组织就同一使用方式向同一使用者收取使用费，可以事先协商确定由其中一个著作权集体管理组织统一收取。统一收取的使用费在有关著作权集体管理组织之间经协商分配。

第二十七条　使用者向著作权集体管理组织支付使用费时，应当提供其使用的作品、录音录像制品等的名称、权利人姓名或者名称和使用的方式、数量、时间等有关使用情况；许可使用合同另有约定的除外。

使用者提供的有关使用情况涉及该使用者商业秘密的，著作权集体管理组织负有保密义务。

第二十八条　著作权集体管理组织可以从收取的使用费中提取一定比例作为管理费，用于维持其正常的业务活动。

著作权集体管理组织提取管理费的比例应当随着使用费收入的增

加而逐步降低。

第二十九条 著作权集体管理组织收取的使用费，在提取管理费后，应当全部转付给权利人，不得挪作他用。

著作权集体管理组织转付使用费，应当编制使用费转付记录。使用费转付记录应当载明使用费总额、管理费数额、权利人姓名或者名称、作品或者录音录像制品等的名称、有关使用情况、向各权利人转付使用费的具体数额等事项，并应当保存 10 年以上。

第五章 对著作权集体管理组织的监督

第三十条 著作权集体管理组织应当依法建立财务、会计制度和资产管理制度，并按照国家有关规定设置会计账簿。

第三十一条 著作权集体管理组织的资产使用和财务管理受国务院著作权管理部门和民政部门的监督。

著作权集体管理组织应当在每个会计年度结束时制作财务会计报告，委托会计师事务所依法进行审计，并公布审计结果。

第三十二条 著作权集体管理组织应当对下列事项进行记录，供权利人和使用者查阅：

（一）作品许可使用情况；

（二）使用费收取和转付情况；

（三）管理费提取和使用情况。

权利人有权查阅、复制著作权集体管理组织的财务报告、工作报告和其他业务材料；著作权集体管理组织应当提供便利。

第三十三条 权利人认为著作权集体管理组织有下列情形之一的，可以向国务院著作权管理部门检举：

（一）权利人符合章程规定的加入条件要求加入著作权集体管理组织，或者会员依照章程规定的程序要求退出著作权集体管理组织，著作权集体管理组织拒绝的；

（二）著作权集体管理组织不按照规定收取、转付使用费，或者不按照规定提取、使用管理费的；

（三）权利人要求查阅本条例第三十二条规定的记录、业务材料，著作权集体管理组织拒绝提供的。

第三十四条　使用者认为著作权集体管理组织有下列情形之一的，可以向国务院著作权管理部门检举：

（一）著作权集体管理组织违反本条例第二十三条规定拒绝与使用者订立许可使用合同的；

（二）著作权集体管理组织未根据公告的使用费收取标准约定收取使用费的具体数额的；

（三）使用者要求查阅本条例第三十二条规定的记录，著作权集体管理组织拒绝提供的。

第三十五条　权利人和使用者以外的公民、法人或者其他组织认为著作权集体管理组织有违反本条例规定的行为的，可以向国务院著作权管理部门举报。

第三十六条　国务院著作权管理部门应当自接到检举、举报之日起 60 日内对检举、举报事项进行调查并依法处理。

第三十七条　国务院著作权管理部门可以采取下列方式对著作权集体管理组织进行监督，并应当对监督活动作出记录：

（一）检查著作权集体管理组织的业务活动是否符合本条例及其章程的规定；

（二）核查著作权集体管理组织的会计账簿、年度预算和决算报告及其他有关业务材料；

（三）派员列席著作权集体管理组织的会员大会、理事会等重要会议。

第三十八条　著作权集体管理组织应当依法接受国务院民政部门和其他有关部门的监督。

第六章　法律责任

第三十九条　著作权集体管理组织有下列情形之一的，由国务院著作权管理部门责令限期改正：

（一）违反本条例第二十二条规定，未将与境外同类组织订立的相互代表协议报国务院著作权管理部门备案的；

（二）违反本条例第二十四条规定，未建立权利信息查询系统的；

（三）未根据公告的使用费收取标准约定收取使用费的具体数额的。

著作权集体管理组织超出业务范围管理权利人的权利的，由国务院著作权管理部门责令限期改正，其与使用者订立的许可使用合同无效；给权利人、使用者造成损害的，依法承担民事责任。

第四十条　著作权集体管理组织有下列情形之一的，由国务院著作权管理部门责令限期改正；逾期不改正的，责令会员大会或者理事会根据本条例规定的权限罢免或者解聘直接负责的主管人员：

（一）违反本条例第十九条规定拒绝与权利人订立著作权集体管理合同的，或者违反本条例第二十一条的规定拒绝会员退出该组织的要求的；

（二）违反本条例第二十三条规定，拒绝与使用者订立许可使用合同的；

（三）违反本条例第二十八条规定提取管理费的；

（四）违反本条例第二十九条规定转付使用费的；

（五）拒绝提供或者提供虚假的会计账簿、年度预算和决算报告或者其他有关业务材料的。

第四十一条　著作权集体管理组织自国务院民政部门发给登记证

书之日起超过 6 个月无正当理由未开展著作权集体管理活动，或者连续中止著作权集体管理活动 6 个月以上的，由国务院著作权管理部门吊销其著作权集体管理许可证，并由国务院民政部门撤销登记。

第四十二条　著作权集体管理组织从事营利性经营活动的，由工商行政管理部门依法予以取缔，没收违法所得；构成犯罪的，依法追究刑事责任。

第四十三条　违反本条例第二十七条的规定，使用者能够提供有关使用情况而拒绝提供，或者在提供有关使用情况时弄虚作假的，由国务院著作权管理部门责令改正；著作权集体管理组织可以中止许可使用合同。

第四十四条　擅自设立著作权集体管理组织或者分支机构，或者擅自从事著作权集体管理活动的，由国务院著作权管理部门或者民政部门依照职责分工予以取缔，没收违法所得；构成犯罪的，依法追究刑事责任。

第四十五条　依照本条例规定从事著作权集体管理组织审批和监督工作的国家行政机关工作人员玩忽职守、滥用职权、徇私舞弊，构成犯罪的，依法追究刑事责任；尚不构成犯罪的，依法给予行政处分。

第七章　附则

第四十六条　本条例施行前已经设立的著作权集体管理组织，应当自本条例生效之日起 3 个月内，将其章程、使用费收取标准、使用费转付办法及其他有关材料报国务院著作权管理部门审核，并将其与境外同类组织订立的相互代表协议报国务院著作权管理部门备案。

第四十七条　依照著作权法第二十三条、第三十三条第二款、第四十条第三款的规定使用他人作品（注：原文为："依照著作权法第二十三条、第三十二条第二款、第三十九条第三款的规定使用他人作品"），未能依照《中华人民共和国著作权法实施条例》第三十二条的规定向权利人支付使用费的，应当将使用费连同邮资以及使用作品的有关情况送交管理相关权利的著作权集体管理组织，由该著作权集体管理组织将使用费转付给权利人。

负责转付使用费的著作权集体管理组织应当建立作品使用情况查询系统，供权利人、使用者查询。

负责转付使用费的著作权集体管理组织可以从其收到的使用费中提取管理费，管理费按照会员大会决定的该集体管理组织管理费的比例减半提取。除管理费外，该著作权集体管理组织不得从其收到的使用费中提取其他任何费用。

第四十八条　本条例自 2005 年 3 月 1 日起施行。

附录 5:

最高人民法院关于审理侵害信息网络传播权民事纠纷案件适用法律若干问题的规定

（已于 2012 年 11 月 26 日由最高人民法院审判委员会第 1561 次会议通过，现予公布，自 2013 年 1 月 1 日起施行）

为正确审理侵害信息网络传播权民事纠纷案件，依法保护信息网络传播权，促进信息网络产业健康发展，维护公共利益，根据《中华人民共和国民法通则》《中华人民共和国侵权责任法》《中华人民共和国著作权法》《中华人民共和国民事诉讼法》等有关法律规定，结合审判实际，制定本规定。

第一条　人民法院审理侵害信息网络传播权民事纠纷案件，在依法行使裁量权时，应当兼顾权利人、网络服务提供者和社会公众的利益。

第二条　本规定所称信息网络，包括以计算机、电视机、固定电话机、移动电话机等电子设备为终端的计算机互联网、广播电视网、固定通信网、移动通信网等信息网络，以及向公众开放的局域网络。

第三条　网络用户、网络服务提供者未经许可，通过信息网络提供权利人享有信息网络传播权的作品、表演、录音录像制品，除法律、行政法规另有规定外，人民法院应当认定其构成侵害信息网络传播权行为。

通过上传到网络服务器、设置共享文件或者利用文件分享软件等方式，将作品、表演、录音录像制品置于信息网络中，使公众能够在个人选定的时间和地点以下载、浏览或者其他方式获得的，人民法院应当认定其实施了前款规定的提供行为。

第四条　有证据证明网络服务提供者与他人以分工合作等方式共同提供作品、表演、录音录像制品，构成共同侵权行为的，人民法院应当判令其承担连带责任。网络服务提供者能够证明其仅提供自动接入、自动传输、信息存储空间、搜索、链接、文件分享技术等网络服务，主张其不构成共同侵权行为的，人民法院应予支持。

第五条　网络服务提供者以提供网页快照、缩略图等方式实质替代其他网络服务提供者向公众提供相关作品的，人民法院应当认定其构成提供行为。

前款规定的提供行为不影响相关作品的正常使用，且未不合理损害权利人对该作品的合法权益，网络服务提供者主张其未侵害信息网络传播权的，人民法院应予支持。

第六条　原告有初步证据证明网络服务提供者提供了相关作品、表演、录音录像制品，但网络服务提供者能够证明其仅提供网络服务，且无过错的，人民法院不应认定为构成侵权。

第七条　网络服务提供者在提供网络服务时教唆或者帮助网络用户实施侵害信息网络传播权行为的，人民法院应当判令其承担侵权责任。

网络服务提供者以言语、推介技术支持、奖励积分等方式诱导、鼓励网络用户实施侵害信息网络传播权行为的，人民法院应当认定其构成教唆侵权行为。

网络服务提供者明知或者应知网络用户利用网络服务侵害信息网络传播权，未采取删除、屏蔽、断开链接等必要措施，或者提供技术支持等帮助行为的，人民法院应当认定其构成帮助侵权行为。

第八条　人民法院应当根据网络服务提供者的过错，确定其是否承担教唆、帮助侵权责任。网络服务提供者的过错包括对于网络用户侵害信息网络传播权行为的明知或者应知。

网络服务提供者未对网络用户侵害信息网络传播权的行为主动进行审查的，人民法院不应据此认定其具有过错。

网络服务提供者能够证明已采取合理、有效的技术措施，仍难以发现网络用户侵害信息网络传播权行为的，人民法院应当认定其不具有过错。

第九条　人民法院应当根据网络用户侵害信息网络传播权的具体事实是否明显，综合考虑以下因素，认定网络服务提供者是否构成应知：

（一）基于网络服务提供者提供服务的性质、方式及其引发侵权的可能性大小，应当具备的管理信息的能力；

（二）传播的作品、表演、录音录像制品的类型、知名度及侵权信息的明显程度；

（三）网络服务提供者是否主动对作品、表演、录音录像制品进行了选择、编辑、修改、推荐等；

（四）网络服务提供者是否积极采取了预防侵权的合理措施；

（五）网络服务提供者是否设置便捷程序接收侵权通知并及时对侵权通知作出合理的反应；

（六）网络服务提供者是否针对同一网络用户的重复侵权行为采取了相应的合理措施；

（七）其他相关因素。

第十条　网络服务提供者在提供网络服务时，对热播影视作品等以设置榜单、目录、索引、描述性段落、内容简介等方式进行推荐，且公众可以在其网页上直接以下载、浏览或者其他方式获得的，人民法院可以认定其应知网络用户侵害信息网络传播权。

第十一条　网络服务提供者从网络用户提供的作品、表演、录音录像制品中直接获得经济利益的，人民法院应当认定其对该网络用户侵害信息网络传播权的行为负有较高的注意义务。

网络服务提供者针对特定作品、表演、录音录像制品投放广告获取收益，或者获取与其传播的作品、表演、录音录像制品存在其他特定联系的经济利益，应当认定为前款规定的直接获得经济利益。网络服务提供者因提供网络服务而收取一般性广告费、服务费等，不属于本款规定的情形。

第十二条　有下列情形之一的，人民法院可以根据案件具体情况，认定提供信息存储空间服务的网络服务提供者应知网络用户侵害信息网络传播权：

（一）将热播影视作品等置于首页或者其他主要页面等能够为网络服务提供者明显感知的位置的；

（二）对热播影视作品等的主题、内容主动进行选择、编辑、整理、推荐，或者为其设立专门的排行榜的；

（三）其他可以明显感知相关作品、表演、录音录像制品为未经许可提供，仍未采取合理措施的情形。

第十三条　网络服务提供者接到权利人以书信、传真、电子邮件等方式提交的通知，未及时采取删除、屏蔽、断开链接等必要措施的，人民法院应当认定其明知相关侵害信息网络传播权行为。

第十四条　人民法院认定网络服务提供者采取的删除、屏蔽、断开链接等必要措施是否及时，应当根据权利人提交通知的形式，通知的准确程度，采取措施的难易程度，网络服务的性质，所涉作品、表演、录音录像制品的类型、知名度、数量等因素综合判断。

第十五条　侵害信息网络传播权民事纠纷案件由侵权行为地或者被告住所地人民法院管辖。侵权行为地包括实施被诉侵权行为的网络服务器、计算机终端等设备所在地。侵权行为地和被告住所地均难以确定或者在境外的，原告发现侵权内容的计算机终端等设备所在地可以视为侵权行为地。

第十六　条本规定施行之日起，《最高人民法院关于审理涉及计算机网络著作权纠纷案件适用法律若干问题的解释》（法释〔2006〕

11 号）同时废止。

本规定施行之后尚未终审的侵害信息网络传播权民事纠纷案件，适用本规定。本规定施行前已经终审，当事人申请再审或者按照审判监督程序决定再审的，不适用本规定。

附录6:

最高人民法院关于审理著作权民事纠纷案件适用法律若干问题的解释

（2002 年 10 月 12 日最高人民法院审判委员会第 1246 次会议通过 2002 年 10 月 12 日最高人民法院文件法释 [2002] 31 号发布，自 2002 年 10 月 15 日起施行）

为了正确审理著作权民事纠纷案件，根据《中华人民共和国民法通则》、《中华人民共和国合同法》、《中华人民共和国著作权法》、《中华人民共和国民事诉讼法》等法律的规定，就适用法律若干问题解释如下：

第一条　人民法院受理以下著作权民事纠纷案件：

（一）著作权及与著作权有关权益权属、侵权、合同纠纷案件；

（二）申请诉前停止侵犯著作权、与著作权有关权益行为，申请诉前财产保全、诉前证据保全案件；

（三）其他著作权、与著作权有关权益纠纷案件。

第二条　著作权民事纠纷案件，由中级以上人民法院管辖。

各高级人民法院根据本辖区的实际情况，可以确定若干基层人民法院管辖第一审著作权民事纠纷案件。

第三条　对著作权行政管理部门查处的侵犯著作权行为，当事人向人民法院提起诉讼追究该行为人民事责任的，人民法院应当受理。

人民法院审理已经过著作权行政管理部门处理的侵犯著作权行为的民事纠纷案件，应当对案件事实进行全面审查。

第四条　因侵犯著作权行为提起的民事诉讼，由著作权法第四十六条、第四十七条所规定侵权行为的实施地、侵权复制品储藏地或者查封扣押地、被告住所地人民法院管辖。

前款规定的侵权复制品储藏地，是指大量或者经营性储存、隐匿侵权复制品所在地；查封扣押地，是指海关、版权、工商等行政机关依法查封、扣押侵权复制品所在地。

第五条　对涉及不同侵权行为实施地的多个被告提起的共同诉讼，原告可以选择其中一个被告的侵权行为实施地人民法院管辖；仅对其中某一被告提起的诉讼，该被告侵权行为实施地的人民法院有管辖权。

第六条　依法成立的著作权集体管理组织，根据著作权人的书面授权，以自己的名义提起诉讼，人民法院应当受理。

第七条　当事人提供的涉及著作权的底稿、原件、合法出版物、著作权登记证书、认证机构出具的证明、取得权利的合同等，可以作为证据。

在作品或者制品上署名的自然人、法人或者其他组织视为著作权、与著作权有关权益的权利人，但有相反证明的除外。

第八条　当事人自行或者委托他人以定购、现场交易等方式购买侵权复制品而取得的实物、发票等，可以作为证据。

公证人员在未向涉嫌侵权的一方当事人表明身份的情况下，如实对另一方当事人按照前款规定的方式取得的证据和取证过程出具的公证书，应当作为证据使用，但有相反证据的除外。

第九条　著作权法第十条第（一）项规定的"公之于众"，是指著作权人自行或者经著作权人许可将作品向不特定的人公开，但不以公众知晓为构成条件。

第十条　著作权法第十五条第二款所指的作品，著作权人是自然人的，其保护期适用著作权法第二十一条第一款的规定；著作权人是法人或其他组织的，其保护期适用著作权法第二十一条第二款的规定。

第十一条　因作品署名顺序发生的纠纷，人民法院按照下列原则处理；有约定的按约定确定署名顺序；没有约定的，可以按照创作作品付出的劳动、作品排列、作者姓氏笔划等确定署名顺序。

第十二条　按照著作权法第十七条规定委托作品著作权属于受托人的情形，委托人在约定的使用范围内享有使用作品的权利；双方没有约定使用作品范围的，委托人可以在委托创作的特定目的范围内免费使用该作品。

第十三条　除著作权法第十一条第三款规定的情形外，由他人执笔，本人审阅定稿并以本人名义发表的报告、讲话等作品，著作权归报告人或者讲话人享有。著作权人可以支付执笔人适当的报酬。

第十四条　当事人合意以特定人物经历为题材完成的自传体作品，当事人对著作权权属有约定的，依其约定；没有约定的，著作权归该特定人物享有，执笔人或整理人对作品完成付出劳动的，著作权人可以向其支付适当的报酬。

第十五条　由不同作者就同一题材创作的作品，作品的表达系独立完成并且有创作性的，应当认定作者各自享有独立著作权。

第十六条　通过大众传播媒介传播的单纯事实消息属于著作权法第五条第（二）项规定的时事新闻。传播报道他人采编的时事新闻，应当注明出处。

第十七条　著作权法第三十二条第二款规定的转载，是指报纸、期刊登载其他报刊已发表作品的行为。转载未注明被转载作品的作者和最初登载的报刊出处的，应当承担消除影响、赔礼道歉等民事责任。

第十八条　著作权法第二十二条第（十）项规定的室外公共场所的艺术作品，是指设置或者陈列在室外社会公众活动处所的雕塑、绘画、书法等艺术作品。

对前款规定艺术作品的临摹、绘画、摄影、录像人，可以对其成果以合理的方式和范围再行使用，不构成侵权。

第十九条　　出版者、制作者应当对其出版、制作有合法授权承担举证责任，发行者、出租者应当对其发行或者出租的复制品有合法来源承担举证责任。举证不能的，依据著作权法第四十六条、第四十七条的相应规定承担法律责任。

第二十条　　出版物侵犯他人著作权的，出版者应当根据其过错、侵权程度及损害后果等承担民事赔偿责任。

出版者对其出版行为的授权、稿件来源和署名、所编辑出版物的内容等未尽到合理注意义务的，依据著作权法第四十八条的规定，承担赔偿责任。

出版者尽了合理注意义务，著作权人也无证据证明出版者应当知道其出版涉及侵权的，依据民法通则第一百一十七条第一款的规定，出版者承担停止侵权、返还其侵权所得利润的民事责任。

出版者所尽合理注意义务情况，由出版者承担举证责任。

第二十一条　　计算机软件用户未经许可或者超过许可范围商业使用计算机软件的，依据著作权法第四十七条第（一）项、《计算机软件保护条例》第二十四条第（一）项的规定承担民事责任。

第二十二条　　著作权转让合同未采取书面形式的，人民法院依据合同法第三十六条、第三十七条的规定审查合同是否成立。

第二十三条　　出版者将著作权人交付出版的作品丢失、毁损致使出版合同不能履行的，依据著作权法第五十三条、民法通则第一百一十七条以及合同法第一百二十二条的规定追究出版者的民事责任。

第二十四条　　权利人的实际损失，可以根据权利人因侵权所造成复制品发行减少量或者侵权复制品销售量与权利人发行该复制品单位利润乘积计算。发行减少量难以确定的，按照侵权复制品市场销售量确定。

第二十五条　　权利人的实际损失或者侵权人的违法所得无法确定

的，人民法院根据当事人的请求或者依职权适用著作权法第四十八条第二款的规定确定赔偿数额。

人民法院在确定赔偿数额时，应当考虑作品类型、合理使用费、侵权行为性质、后果等情节综合确定。

当事人按照本条第一款的规定就赔偿数额达成协议的，应当准许。

第二十六条　著作权法第四十八条第一款规定的制止侵权行为所支付的合理开支，包括权利人或者委托代理人对侵权行为进行调查、取证的合理费用。

人民法院根据当事人的诉讼请求和具体案情，可以将符合国家有关部门规定的律师费用计算在赔偿范围内。

第二十七条　在著作权法修改决定施行前发生的侵犯著作权行为起诉的案件，人民法院于该决定施行后作出判决的，可以参照适用著作权法第四十八条的规定。

第二十八条　侵犯著作权的诉讼时效为两年，自著作权人知道或者应当知道侵权行为之日起计算。权利人超过两年起诉的，如果侵权行为在起诉时仍在持续，在该著作权保护期内，人民法院应当判决被告停止侵权行为；侵权损害赔偿数额应当自权利人向人民法院起诉之日起向前推算两年计算。

第二十九条　对著作权法第四十七条规定的侵权行为，人民法院根据当事人的请求除追究行为人民事责任外，还可以依据民法通则第一百三十四条第三款的规定给予民事制裁，罚款数额可以参照《中华人民共和国著作权法实施条例》的有关规定确定。

著作权行政管理部门对相同的侵权行为已经给予行政处罚的，人民法院不再予以民事制裁。

第三十条　对 2001 年 10 月 27 日前发生的侵犯著作权行为，当事人于 2001 年 10 月 27 日后向人民法院提出申请采取责令停止侵权行为或者证据保全措施的，适用著作权法第四十九条、第五十条的规定。

人民法院采取诉前措施，参照《最高人民法院关于诉前停止侵犯注册商标专用权行为和保全证据适用法律问题的解释》的规定办理。

第三十一条　除本解释另行规定外，2001 年 10 月 27 日以后人民法院受理的著作权民事纠纷案件，涉及 2001 年 10 月 27 日前发生的民事行为的，适用修改前著作权法的规定；涉及该日期以后发生的民事行为的，适用修改后著作权法的规定；涉及该日期前发生，持续到该日期后的民事行为的，适用修改后著作权法的规定。

第三十二条　以前的有关规定与本解释不一致的，以本解释为准。

附录7:

北京市高级人民法院关于确定著作权侵权损害赔偿责任的指导意见

（为切实维护著作权人和与著作权有关的权利人的合法权益，有效制裁侵权行为，规范文化市场秩序，统一执法标准，根据《中华人民共和国民法通则》、《中华人民共和国著作权法》及《最高人民法院关于审理著作权民事纠纷案件适用法律若干问题的解释》的规定，结合北京市法院著作权审判工作实际，现就如何确定著作权侵权损害赔偿责任提出如下意见）

损害赔偿责任的认定

第一条　被告因过错侵犯著作权人或者与著作权有关的权利人的合法权利且造成损害的，应当承担赔偿损失的民事责任。

原告应当提交被告侵权的相关证据。被告主张自己没有过错的，应当承担举证责任，否则须承担不利的法律后果。

第二条　被告具有下列情形之一的，可以认定其具有过错：

（一）经权利人提出确有证据的警告，被告没有合理理由仍未停止其行为的；

（二）未尽到法律法规、行政规章规定的审查义务的；

（三）未尽到与公民年龄、文化程度、职业、社会经验和法人经营范围、行业要求等相适应的合理注意义务的；

（四）合同履行过程中或合同终止后侵犯合同相对人著作权或者与著作权有关的权利的；

（五）其他可以认定具有过错的情形。

第三条　被告虽无过错但侵犯著作权人或者与著作权有关的权利人的合法权利且造成损害的，不承担损害赔偿责任，但可判令其返还侵权所得利润。如果被告因其行为获利较大，或者给原告造成较大损失的，可以依据公平原则，酌情判令被告给予原告适当补偿。

第四条　共同被告构成共同侵权的，应当承担连带赔偿责任。

明知或者应知他人实施侵权行为，而仍为其提供经营场所或其他帮助的，应当承担连带赔偿责任。

商标许可人、特许经营的特许人，明知或者应知被许可人实施侵权行为，并有义务也有能力予以制止，却未采取有效措施的，应当承担连带赔偿责任。

二个以上被告均构成侵权，但不具有共同过错的，应当分别承担赔偿责任。

损害赔偿的原则及方法

第五条　确定的侵权赔偿数额应当能够全面而充分地弥补原告因被侵权而受到的损失。

在原告诉讼请求数额的范围内，如有证据表明被告侵权所得高于原告实际损失的，可以将被告侵权所得作为赔偿数额。

第六条　确定著作权侵权损害赔偿数额的主要方法有：

（一）权利人的实际损失；

（二）侵权人的违法所得；

（三）法定赔偿。

适用上述计算方法时，应将原告为制止侵权所支付的合理开支列入赔偿范围，并与其他损失一并作为赔偿数额在判决主文中表述。

对权利人的实际损失和侵权人的违法所得可以基本查清，或者根据案件的具体情况，依据充分证据，运用市场规律，可以对赔偿数额予以确定的，不应直接适用法定赔偿方法。

第七条　本规定第六条第一款第(一)项所称"权利人的实际损失"可以依据以下方法计算：

（一）被告侵权使原告利润减少的数额；

（二）被告以报刊、图书出版或类似方式侵权的，可参照国家有关稿酬的规定；

（三）原告合理的许可使用费；

（四）原告复制品销量减少的数量乘以该复制品每件利润之积；

（五）被告侵权复制品数量乘以原告每件复制品利润之积；

（六）因被告侵权导致原告许可使用合同不能履行或难以正常履行产生的预期利润损失；

（七）因被告侵权导致原告作品价值下降产生的损失；

（八）其他确定权利人实际损失的方法。

第八条　本规定第六条第一款第(二)项所称"侵权人的违法所得"包括以下三种情况：

（一）产品销售利润；

（二）营业利润；

（三）净利润。

一般情况下，应当以被告营业利润作为赔偿数额。

被告侵权情节或者后果严重的，可以产品销售利润作为赔偿数额。

侵权情节轻微，且诉讼期间已经主动停止侵权的，可以净利润作为赔偿数额。

适用上述方法，应当由原告初步举证证明被告侵权所得，或者阐述合理理由后，由被告举证反驳；被告没有证据，或者证据不足以证明其事实主张的，可以支持原告的主张。

第九条　适用本规定第六条第一款第（三）项所称"法定赔偿"应当根据以下因素综合确定赔偿数额：

（一）通常情况下，原告可能的损失或被告可能的获利；

（二）作品的类型，合理许可使用费，作品的知名度和市场价值，权利人的知名度，作品的独创性程度等；

（三）侵权人的主观过错、侵权方式、时间、范围、后果等。

第十条　　适用法定赔偿方法应当以每件作品作为计算单位。

第十一条　　原告提出象征性索赔的，在认定侵权成立，并查明原告存在实际损失基本事实的情况下，应当予以支持。

第十二条　　被控侵权行为在诉讼期间仍在持续，原告在一审法庭辩论终结前提出增加赔偿的请求并提供相应证据，应当将诉讼期间原告扩大的损失一并列入赔偿范围。

二审诉讼期间原告损失扩大需要列入赔偿范围的，二审法院应当就赔偿数额进行调解，调解不成的，可以就赔偿数额重新作出判决，并在判决书中说明理由。

第十三条　　本规定第六条第二款所称"合理开支"包括：

（一）律师费；

（二）公证费及其他调查取证费；

（三）审计费；

（四）交通食宿费；

（五）诉讼材料印制费；

（六）权利人为制止侵权或诉讼支付的其他合理开支。

对上述开支的合理性和必要性应当进行审查。

第十四条　　本规定第十三条第一款第（一）项所称"律师费"是指当事人与其代理律师依法协议确定的律师费。可以按照以下原则确定予以支持的赔偿数额：

（一）根据案件的专业性或复杂程度，确实有必要委托律师代理诉讼的；

（二）被告侵权行为基本成立，且应当承担损害赔偿责任的，按照判决确定的赔偿数额与诉讼请求数额比例确定支持的律师费；同时判决支持其他诉讼请求的，应当适当提高赔偿数额；

（三）被告不承担损害赔偿责任，但被判令承担停止侵权、赔礼道歉等民事责任的，按照原告诉讼请求被支持情况酌情确定支持的律师费，但一般不高于律师费的三分之一。

第十五条　本规定第十三条第一款第（二）项所称"公证费"符合以下条件的由被告承担：

（一）侵权基本成立；

（二）公证证明被作为认定案件事实的证据。

第十六条　本规定第十三条第一款第（三）项所称"审计费"按照判决确定的赔偿数额占诉讼请求数额比例予以支持。

第十七条　被告因侵犯著作权或者与著作权有关的权利，曾经两次以上被追究刑事、行政或民事责任的，应当在依据本规定确定的赔偿数额的限度内，从重确定赔偿数额。

第十八条　判决书中针对赔偿数额所作论述的详略程度，应当根据案件的复杂程度、当事人的争议大小等具体情况分别确定。

第十九条　被告实施著作权法第四十七条规定的侵权行为，情节严重，并损害公共利益的，可以给予以下民事制裁：

（一）罚款。其数额不高于判决确定的赔偿数额的 3 倍；

（二）没收、销毁侵权复制品；

（三）没收主要用于制作侵权复制品的材料、工具、设备等。

第二十条　原告基于不正当目的，以提起诉讼为手段，虚构事实，被驳回起诉或诉讼请求的，可以判令原告支付被告为诉讼支付的合理开支，包括：

（一）律师费；

（二）交通食宿费；

（三）调查取证费；

（四）误工费；

（五）其他为诉讼支出的合理费用。

精神损害赔偿

第二十一条 侵犯原告著作人身权或者表演者人身权情节严重，适用停止侵权、消除影响、赔礼道歉仍不足以抚慰原告所受精神损害的，应当判令被告支付原告精神损害抚慰金。

法人或者其他组织以著作人身权或者表演者人身权受到侵害为由，起诉请求赔偿精神损害的，不予受理。

第二十二条 具有以下情形之一的，可以判令被告支付原告精神损害抚慰金：

（一）未经原告许可，严重违背其意愿发表其作品，并给原告的信誉、社会评价带来负面影响的；

（二）抄袭原告作品数量大、影响广，并使被告因此获得较大名誉的；

（三）严重歪曲、篡改他人作品的；

（四）未经许可，将原告主要参加创作的合作作品以个人名义发表，并使被告获得较大名誉的；

（五）没有参加创作，为谋取个人名利，在原告作品上署名的；

（六）严重歪曲表演形象，给原告的社会形象带来负面影响的；

（七）制作、出售假冒原告署名的作品，影响较大的；

（八）其他应当支付权利人精神损害抚慰金的情形。

第二十三条 精神损害抚慰金的数额应当根据被告的过错程度、侵权方式、侵权情节、影响范围、侵权获利情况、承担赔偿责任的能力等因素综合确定。

精神损害抚慰金一般不低于 2000 元，不高于 5 万元。

第二十四条 著作权人或者表演者权人死亡后，其近亲属以被告侵犯著作人身权或表演者人身权使自己遭受精神痛苦为由，起诉请求赔偿精神损害的，应当受理。

常见侵权赔偿数额的确定

第二十五条　依据本规定第七条第一款第（二）项所述方法确定原告损失的，可以参考以下因素，在国家有关稿酬规定的 2 至 5 倍内确定赔偿数额：

（一）作品的知名度及侵权期间的市场影响力；

（二）作者的知名度；

（三）被告的过错程度；

（四）作品创作难度及投入的创作成本。

文字作品字数不足千字的以千字计算。

原告如证明类似情况下收取的合理稿酬标准，应予考虑。

第二十六条　在网络上传播文字、美术、摄影等作品的，可以参照国家有关稿酬规定确定赔偿数额。

第二十七条　以广告方式使用文字、美术、摄影等作品，包括用于报刊广告、户外广告、网络广告、店面广告、产品说明书等，可以根据广告主的广告投入、广告制作者收取的制作费、广告发布者收取的广告费，以及作品的知名度、在广告中的作用、被告的经营规模、侵权方式和范围等因素综合确定赔偿数额。

原告如证明类似情况下的合理许可使用费，应予考虑。

第二十八条　商业用途使用文字、美术、摄影等作品，如用于商品包装装潢、商品图案、有价票证、邮品等，可以根据作品的知名度、在产品中的显著性、被告的经营规模、侵权方式、范围、获利等因素综合确定赔偿数额，所确定的赔偿数额一般应高于按照本规定第七条第一款第（二）项及第二十五条确定的赔偿数额。

第二十九条　侵犯音乐作品著作权、音像制品权利人权利的，可以按照以下方法确定赔偿数额：

（一）原告合理的许可使用费；

（二）著作权集体管理组织提起诉讼的，按其许可费标准；

（三）商业用途使用的，可以参考本规定第二十八条确定赔偿数额的方法。

第三十条　提供图片、音乐等下载服务的，可以按照以下方法确定赔偿数额：

（一）原告合理的许可使用费；

（二）著作权集体管理组织提起诉讼的，按其许可费标准；

（三）被告提供侵权服务获得的利润。

第三十一条　软件最终用户侵犯计算机软件著作权的，可以按照以下方法确定赔偿数额：

（一）原告合理的许可使用费；

（二）正版软件市场价格。

第三十二条　依据本规定第二十六条至第三十一条的方法确定赔偿数额的，可以同时根据第二十五条第一款规定的因素，在上述数额的 2 至 5 倍内确定具体的赔偿数额。

第三十三条　被告在被控侵权出版物或者广告宣传中表明的侵权复制品的数量高于其在诉讼中的陈述，除其提供证据或者合理理由予以否认，应以出版物或广告宣传中表明的数量作为确定赔偿数额的依据。

第三十四条　图书、音像制品的出版商、复制商、发行商等侵犯著作权或者与著作权有关的权利的，其应当能够提供有关侵权复制品的具体数量却拒不举证，或所提证据不能采信的，可以按照以下数量确定侵权复制品数量：

（一）图书不低于 3000 册；

（二）音像制品不低于 2 万盘。

附则

第三十五条　本规定自下发之日起施行。

附录 8:

保护文学艺术作品伯尔尼公约

（1886 年 9 月 9 日签订。1896 年 5 月 4 日在巴黎补充完备，1908 年 11 月 13 日在柏林修订，1914 年 3 月 20 日在伯尔尼补充完备，1928 年 6 月 2 日在罗马修订，1948 年 6 月 26 日在布鲁塞尔修订，1967 年 7 月 14 日在斯德哥尔摩修订，1971 年 7 月 24 日在巴黎修订，1979 年 10 月 2 日更改）

本联盟各成员国，共同受到尽可能有效、尽可能一致地保护作者对其文学和艺术作品所享权利的愿望和鼓舞，承认一九六七年在斯德哥尔摩举行的修订会议工作的重要性，决定修订斯德哥尔摩会议通过的公约文本但不更动该公约文本第一至二十条和第二十二条至二十六条。

下列签字的全权代表经交验全权证书认为妥善后，兹协议如下：

第一条

适用本公约的国家为保护作者对其文学和艺术作品所享权利结成一个联盟。

第二条

1. "文学和艺术作品"一词包括文学、科学和艺术领域内的一切成果，不论其表现形式或方式如何，诸如书籍、小册子和其他文学作品；讲课、演讲、讲道和其他同类性质作品；戏剧或音乐戏剧作品；舞蹈艺术作品和哑剧；配词或未配词的乐曲；电影作品和以类似摄制电影的方法表现的作品；图画、油画、建筑、雕塑、雕刻和版画作品；摄影作品和以类似摄影的方法表现的作品；实用艺术作品；与地理、地形、建筑或科学有关的插图、地图、设计图、草图和立体作品。

2. 本联盟各成员国得通过国内立法规定所有作品或任何特定种类的作品如果未以某种物质形式固定下来便不受保护。

3. 翻译、改编、乐曲改编以及对文学或艺术作品的其他变动应得到与原作同等的保护，但不得损害原作的版权。

4. 本联盟各成员国对立法、行政或司法性质的官方文件以及这些文件的正式译本的保护由其国内立法确定。

5. 文学或艺术作品的汇编，诸如百科全书和选集，凡由于对材料的选择和编排而构成智力创作的，应得到相应的、但不损害汇编内每一作品的版权的保护。

6. 本条所提到的作品在本联盟所有成员国内享受保护。此种保护系为作者及其权利继承人的利益而行使。

7. 在遵守本公约第七条第四款之规定的前提下，本联盟各成员国得通过国内立法规定其法律在何种程度上适用于实用艺术作品以及工业品外观设计，以及此种作品和外观设计受保护的条件。在起源国仅仅作为外观设计受到保护的作品，在本联盟其他成员国只享受该国给予外观设计的那种专门保护；但如在该国并不给予这种专门保护，则这些作品将作为艺术作品得到保护。

8. 本公约的保护不适用于日常新闻或纯属报刊消息性质的社会新闻。

第二条之二

1. 政治演说和诉讼过程中发表的言论是否全部或部分地排除于上条提供的保护之外，属于本联盟各成员国国内立法的范围。

2. 公开发表的讲课、演说或其他同类性质的作品，如为新闻报道的目的有此需要，在什么条件下可由报刊登载，进行广播或向公众传播，以及以第十一条之二第一款的方式公开传播，也属于本联盟各成员国国内立法的范围。

3. 然而，作者享有将上两款提到的作品汇编的专有权利。

第三条

1. 根据本公约，

(a) 作者为本联盟任何成员国的国民者，其作品无论是否已经出版，都受到保护；

(b) 作者为非本联盟任何成员国的国民者，其作品首次在本联盟一个成员国出版，或在一个非联盟国成员国和一个联盟成员国同时出版的都受到保护；

2. 非本联盟任何成员国的国民但其惯常住所在一个成员国国内的作者，为实施本公约享有该成员国国民的待遇。

3. "已出版作品"一词指得到作者同意后出版的作品，而不论其复制件的制作方式如何，只要从这部作品的性质来看，复制件的发行方式能满足公众的合理需要。戏剧、音乐戏剧或电影作品的表演，音乐作品的演奏，文学作品的公开朗诵，文学或艺术作品的有线传播或广播，美术作品的展出和建筑作品的建造不构成出版。

4. 一个作品在首次出版后三十天内在两个或两个以上国家内出版，则该作品应视为同时在几个国家内出版。

第四条

下列作者，即使不具备第三条规定的条件，仍然适用本公约保护：

(a) 制片人的总部或惯常住所在本联盟某一成员国内的电影作品的作者；

(b) 建造在本联盟某一成员国内的建筑作品或构成本联盟某一成员国内建筑物一部分的平面和立体艺术作品的作者。

第五条

1. 就享有本公约保护的作品而论，作者在作品起源国以外的本联盟成员国中享有各该国法律现在给予和今后可能给予其国民的权利，以及本公约特别授予的权利。

2. 享有和行使这些权利不需要履行任何手续，也不论作品起源国是否存在保护。因此，除本公约条款外，保护的程度以及为保护作者权利而向其提供的补救方法完全被要求给以保护的国家的法律规定。

3. 起源国的保护由该国法律规定。如作者不是起源国的国民，但其作品受公约保护，该作者在该国仍享有同本国作者相同的权利。

4. 起源国指的是：

(a)对于首次在本联盟某一成员国出版的作品，以该国家为起源国；对于在分别给予不同保护期的几个本联盟成员国同时出版的作品，以立法给予最短保护期的国家为起源国；

(b)对于同时在非本联盟成员国和本联盟成员国出版的作品，以后者为起源国；

(c)对于未出版的作品或首次在非本联盟成员国出版而未同时在本联盟成员国出版的作品，以作者为其国民的本同盟成员国为起源国，然而

（1）对于制片人总部或惯常住所在本联盟一成员国内的电影作品，以该国为起源国。

（2）对于建造在本联盟一成员国内的建筑作品或构成本联盟某一成员国建筑物一部分的平面和立体艺术作品，以该国为起源国。

第六条

1. 任何非本联盟成员国如未能充分保护本联盟某一成员国国民作者的作品，成员国可对首次出版时系该非联盟成员国国民而又不在成员国内有惯常住所的作者的作品的保护加以限制。如首次出版利用这种权利，则本联盟其他成员国对由此而受到特殊待遇的作品也无须给予比首次出版国所给予的更广泛的保护。

2. 前款所规定的任何限制均不影响在此种限制实施之前作者在本联盟任一成员国出版的作品已经获得的权利。

3. 根据本条对版权之保护施加限制的本联盟成员国应以书面声

明通知世界知识产权组织总干事（以下称总干事），说明保护受到限制的国家以及这些国家国民的作者的权利所受的限制。总干事应立即向本联盟所有成员国通报该项声明。

第六条之二

1. 不受作者经济权利的影响，甚至在上述经济权利转让之后，作者仍保有要求其作品作者身份的权利，并有权反对对其作品的任何有损其声誉的歪曲、割裂或其他更改，或其他损害行为。

2. 根据以上第 1 款给予作者的权利，在其死后应至少保留到作者经济权利期满为止，并由被要求给予保护的国家本国法所授权的人或机构行使。但在批准或加入本公约文本时其法律中未包括有保证在作者死后保护以上第一款承认的全部权利的各国，有权规定对这些权利中的某些权利在作者死后不予保留。

3. 为保障本条所承认的权利而采取的补救方法由被要求给予保护的国家的法律规定。

第七条

1. 本公约给予保护的期限为作者有生之年及其死后五十年内。

2. 但就电影作品而言，本联盟成员国有权规定保护期在作者同意下自作品公之于众后五十年期满，如自作品完成后五十年尚未公之于众，则自作品完成后五十年期满。

3. 至于不具名作品和假名作品，本公约给予的保护期自其合法公之于众之日起五十年内有效。但根据作者采用的假名可以毫无疑问地确定作者身份时，该保护期则为第一款所规定的期限。如不具名作品或假名作品的作者在上述期间内公开其身份，所适用的保护期为第一款所规定的保护期限。本联盟成员国没有义务保护有充分理由推定其作者已死去五十年的不具名作品或假名作品。

4. 摄影作品和作为艺术作品保护的实用艺术作品的保护期限由本联盟各成员国的法律规定；但这一期限不应少于自该作品完成之后

算起的二十五年。

5. 作者死后的保护期和以上第二、三、四款所规定的期限从其死亡或上述各款提及事件发生之时开始，但这种限期应从死亡或所述事件发生之后次年的一月一日开始计算。

6. 本联盟成员国有权给予比前述各款规定更长的保护期。

7. 受本公约罗马文本约束并在此公约文本签署时有效的本国法律中规定了短于前述各款期限的保护期的本联盟成员国，有权在加入或批准此公约文本时维持这种期限。

8. 无论如何，期限将由被要求给予保护的国家的法律加以规定；但是，除该国家的法律另有规定者外，这种期限不得超过作品起源国规定的期限。

第七条之二

前条的规定同样适用于版权为合作作者共有的作品，但作者死后的保护期应从最后死亡的作者死亡时算起。

第八条

受本公约保护的文学艺术作品的作者，在对原作享有权利的整个保护期内，享有翻译和授权翻译其作品的专有权利。

第九条

1. 受本公约保护的文学艺术作品的作者，享有授权以任何方式和采取任何形式复制这些作品的专有权利。

2. 本联盟成员国法律得允许在某些特殊情况下复制上述作品，只要这种复制不损害作品的正常使用也不致无故侵害作者的合法利益。

3. 所有录音或录象均应视为本公约所指的复制。

第十条

1. 从一部合法公之于众的作品中摘出引文，包括以报刊提要形式引用报纸期刊的文章，只要符合合理使用，在为达到目的的正当需要范围内，就属合法。

2. 本联盟成员国法律以及成员国之间现有或将要签订的特别协议得规定，可以合法地通过出版物、无线电广播或录音录象使用文学艺术作品作为教学的解说的权利，只要是在为达到目的的正当需要范围内使用，并符合合理使用。

3. 前面各款提到的摘引和使用应说明出处，如原出处有作者姓名，也应同时说明。

第十条之二

1. 本联盟各成员国的法律得允许通过报刊、广播或对公众有线传播，复制发表在报纸、期刊上的讨论经济、政治或宗教的时事性文章，或具有同样性质的已经广播的作品，但以对这种复制、广播或有线传播并未明确予以保留的为限。然而，均应明确说明出处；对违反这一义务的法律责任由被要求给予保护的国家的法律确定。

2. 在用摄影或电影手段，或通过广播或对公众有线传播报道时事新闻时，在事件过程中看到或听到的文学艺术作品在为报道目的正当需要范围内予以复制和公之于众的条件，也由本联盟各成员国的法律规定。

第十一条

1. 戏剧作品、音乐戏剧作品和音乐作品的作者享有下列专有权利：

（1）授权公开表演和演奏其作品，包括用各种手段和方式公开表演和演奏。

（2）授权用各种手段公开播送其作品的表演和演奏。

2. 戏剧作品或音乐戏剧作品的作者，在享有对其原作的权利的整个期间应享有对其作品的译作的同等权利。

第十一条之二

1. 文学艺术作品的作者享有下列专有权利：

（1）授权广播其作品或以任何其他无线传送符号、声音或图象的方法向公众传播其作品；

（2）授权由原广播机构以外的另一机构通过有线传播或转播的方式向公众传播广播的作品；

（3）授权通过扩音器或其他任何传送符号、声音或图象的类似工具向公众传播广播的作品。

2. 行使以上第一款所指的权利的条件由本联盟成员国的法律规定，但这些条件的效力严格限于对此作出规定的国家。在任何情况下，这些条件均不应有损于作者的精神权利，也不应有损于作者获得合理报酬的权利，该报酬在没有协议情况下应由主管当局规定。

3. 在没有相反约定的情况下，本条的第一款的授权，不意味着授权利用录音或录象设备录制广播的作品。但本联盟成员国法律得确定一广播机构使用自己的设备并为自己播送之用而进行临时录制的规章。本联盟成员国法律也可以由于这些录制品具有特殊文献性质而批准由国家档案馆保存。

第十一条之三

1. 文学作品的作者享有下列专有权利：

（1）授权公开朗诵其作品，包括用各种手段或方式公开朗诵。

（2）授权用各种手段公开播送其作品的朗诵。

2. 文学作品作者在对其原作享有权利的整个期间，应对其作品的译作享有同等的权利。

第十二条

文学艺术作品的作者享有授权对其作品进行改编、音乐改编和其他变动的专有权利。

第十三条

1. 本联盟每一成员国可就其本国情况对音乐作品作者及允许其歌词与音乐作品一道录音的歌词作者授权对上述音乐作品以及有歌词的音乐作品进行录音的专有权利规定保留及条件；但这类保留及条件之效力严格限于对此作出规定的国家，而且在任何情况下均不得损害作者获得在没有协议情况下由主管当局规定的合理报酬的权利。

2. 根据一九二八年六月二日在罗马和一九四八年六月二十六日在布鲁塞尔签订的公约第十三条第三款在本联盟成员国内录制的音乐作品的录音，自该国受本文本约束之日起的两年期限以内，可以不经音乐作品的作者同意在该国进行复制。

3. 根据本条第一、二款制作的录音制品，如未经有关方面批准进口，视此种录音为侵权录音制品的国家，可予扣押。

第十四条

1. 文学艺术作品的制作享有下列专有权利：

（1）授权将这类作品改编和复制成电影以及发行经过如此改编或复制的作品；

（2）授权公开表演、演奏以及向公众有线传播经过如此改编或复制的作品。

2. 根据文学或艺术作品制作的电影作品以任何其他艺术形式改编，在不妨碍电影作品作者授权的情况下，仍须经原作者授权。

3. 第十三条第一款的规定应不适用于电影。

第十四条之二

1. 在不损害已被改编或复制的作品的版权的情况下，电影作品应作为原作受到保护。电影作品版权所有者享有与原作者同等的权利，包括前一条提到的权利。

2. （a）确定电影作品版权的所有者，属于被要求给予保护的国家法律规定的范围。

（b）然而，在其法律承认参加电影作品制作的作者应属于版权所有者的本联盟成员国内，这些作者，如果应允参加此项工作，除非有相反或特别的规定，不能反对对电影作品的复制、发行、公开表演、演奏、向公众有线传播、广播、公开传播、配制字幕和配音。

（c）为适用本款 b 项，上面提到的应允形式是否应是一项书面合同或一项相当的文书，这一问题应由电影制片人总部或惯常住所所在的本联盟成员国的法律加以规定。然而被要求给予保护的本联盟成员国的法律得规定这一应允应以书面合同或相当的文书的形式。法律作出此种规定的国家应以书面声明通知总干事，并由后者将这一声明立即通知本联盟所有其他成员国。

（d）"相反或特别的规定"指与上述应允有关的任何限制性条件。

3. 除非本国法律另有规定，本条第二款 b 项之规定不适用于为电影作品创作的剧本、台词和音乐作品的作者，也不适用于电影作品的主要导演。但本联盟成员国中其法律并未规定对电影导演适用本条第二款 b 项者，应以书面声明通知总干事，总干事应将此声明立即转达本联盟所有其他成员国。

第十四条之三

1. 对于艺术作品原作和作家与作曲家的手稿，作者或作者死后由国家法律所授权的人或机构享有不可剥夺的权利，在作者第一次转让作品之后对作品进行的任何出售中分享利益。

2. 只有在作者本国法律承认这种保护的情况下，才可在本联盟的成员国内要求上款所规定的保护，而且保护的程度应限于被要求给予保护的国家的法律所允许的程度。

3. 分享利益之方式和比例由各国法律确定。

第十五条

1. 受本公约保护的文学艺术作品的作者，只要其名字以通常方式出现在该作品上，在没有相反证据的情况下，即视为该作品的作者并有权在本联盟成员国中对侵犯其权利的人提起诉讼。即使作者采用的是假名，只要根据作者的假名可以毫无疑问地确定作者的身份，本款也同样适用。

2. 以通常方式在电影作品上署名的自然人或法人，除非有相反的证据，即推定为该作品的制片人。

3. 对于不具名作品和以上第一款所述情况以外的假名作品，如果出版者的名字出现在作品上，在没有相反证据的情况下，该出版者即视为作者的代表，并以此资格有权维护和行使作者的权利。当作者公开其身份并证实其为作者时，本款的规定即停止适用。

4. （a）对作者的身份不明但有充分理由推定该作者是本联盟某一成员国国民的未出版的作品，该国法律得指定主管当局代表该作者并有权维护和行使作者在本联盟成员国内之权利。

（b）根据本规定而指定主管当局的本联盟成员国应以书面声明将此事通知总干事，声明中写明被指定的当局全部有关情况。总干事应将此声明立即通知本联盟所有其他成员国。

第十六条

1. 对作品的侵权复制品，在作品受法律保护的本联盟成员国应予扣押。

2. 上款规定同样适用于来自对某作品不予保护或停止保护的国家的复制品。

3. 扣押应按各国法律实行。

第十七条

如果本联盟任何成员国的主管当局认为有必要对于任何作品或制品的发行、演出、展出，通过法律或条例行使许可、监督或禁止的权利，本公约的条款绝不应妨碍本联盟各成员国政府的这种权力。

第十八条

1. 本公约适用于所有在本公约开始生效时尚未因保护期满而在其起源国进入公有领域的作品。

2. 但是，如果作品因原来规定的保护期已满而在被要求给予保护的国家已进入公有领域，则该作品不再重新受保护。

3. 本原则应按照本联盟成员国之间现有的或将要缔结的有关特别公约所规定的条款实行。在没有这种条款的情况下，各国分别规定实行上述原则的条件。

4. 新加入本联盟时以及因实行第七条或放弃保留而扩大保护范围时，以上规定也同样适用。

第十九条

如果本联盟成员国的本国法律提供更广泛的保护，本公约条款不妨碍要求适用这种规定。

第二十条

本联盟各成员国政府保留在它们之间签订给予作者比本公约所规定的更多的权利，或者包括不违反本公约的其他条款的特别协议的权力。凡符合上述条件的现有协议的条款仍然适用。

第二十一条

1. 有关发展中国家的特别条款载于附件。

2. 在符合第二十八条第一款 b 项规定的前提下，附件构成本文本的组成部分。

第二十二条

1. （a）本联盟设一大会，由受第二十二至二十六条约束的本联盟成员国组成。

（b）每一国家的政府由一名代表作为其代表，并可由若干名副代表、顾问及专家协助之。

（c）每个代表团的费用由指派它的政府负担。

2. （a）大会：

（1）处理有关维护及发展本联盟以及实施本公约的一切问题；

（2）在适当考虑到不受第二十二至二十六条约束的本联盟成员国的意见的情况下，向成立世界知识产权组织（以下称"产权组织"）的公约中提到的国际知识产权局（以下称"国际局"）发出有关筹备修订会议的指示；

（3）审查和批准产权组织总干事有关本联盟的报告及活动，向其发出有关本联盟主管问题的必要指示；

（4）选举大会执行委员会成员；

（5）审查和批准执行委员会的报告及活动，并向它发出指示；

（6）制订计划，通过本联盟二年期预算和批准其决算；

（7）通过本联盟财务条例；

（8）设立为实现联盟目标而需要的专家委员会和工作组；

（9）决定哪些非本联盟成员国和政府间组织及非政府间国际性组织以观察员身份参加它的会议；

（10）通过对第二十二至二十六条的修改；

（11）为实现本联盟目标而采取其他适宜行动；

（12）履行本公约所包含的其他所有任务；

（13）行使成立产权组织的公约所赋予它的并为它所接受的权利。

（b）对于还涉及产权组织管理的其他联盟的问题，大会在了解到产权组织协调委员会的意见后作出决定。

3.（a）大会每一成员国有一票。

（b）大会成员国的半数构成法定人数。

（c）尽管有 b 项的规定，如开会时出席国家不足半数，但相当或多于大会成员国三分之一，则可作出决定；除有关大会程序之决定外，大会的决定须具备下列条件方可执行：国际局将上述决定通知未出席大会的成员国，请它们在上述通知之日起三个月内用书面投票或弃权。如果在期满时，用这样方式投票或弃权的国家的数目达到开会时法定人数的欠缺数目，同时已获得必要的多数，上述决定即可执行。

（d）除第二十六条第二款规定的情况外，大会的决定以投票数三分之二的多数通过。

（e）弃权不视为投票。

（f）一名代表只能代表一国，也只能以该国名义投票。

（g）非大会成员国的本联盟成员国以观察员身份参加会议。

4.（a）大会每二年举行一届常会，由总干事召集，除特殊情况外，与产权组织的全体大会在同时同地举行。

（b）大会在执行委员会的要求下或大会成员国四分之一的国家的要求下，由总干事召集举行特别会议。

5. 大会通过其议事规则。

第二十三条

1. 大会设执行委员会。

2.（a）执委会由大会在其成员国中选出的国家组成。此外，产权组织所在地的国家除第二十五条第七款b项的情况外，在执委会中有一当然席位。

（b）执委会每一成员国政府有一名代表作为其代表，可由若干名副代表、顾问及专家协助之。

（c）每个代表团的费用由指派它的政府负担。

3. 执委会成员国数目为大会成员国数目的四分之一。在计算席位时，以四相除剩下的余数不计算。

4. 在选派执委会成员国时，大会要适当考虑按地区公平分配和保证使可能签订有关本联盟的特别协议的国家参加执委会的必要性。

5.（a）执委会成员国的任期自它们当选的该届大会闭会时起至大会下届常会闭会时止。

（b）执委会的成员国重新当选的数目最多不得超过三分之二。

（c）大会制定执委会成员国选举和可能重新当选的程序。

6.（a）执行委员会：

（1）拟定大会议程草案；

（2）向大会提交有关总干事草拟的本联盟的计划草案和二年期

预算草案的建议。

（3）（取消）

（4）向大会提交总干事的定期报告和年度财务审计报告，并附以必要的评论意见。

（5）根据大会决定并考虑到大会两届常会之间出现的情况，采取有利于总干事执行本联盟计划的一切措施；

（6）履行在本公约范围内赋予它的其他一切任务。

（b）对于还设计产权组织管理的其他联盟的问题，执行委员会在了解到产权组织协调委员会的意见后作出决定。

7.（a）执委会在总干事的召集下，每年举行一届常会，尽可能与产权组织协调委员会同时同地举行。

（b）执委会在总干事倡议下，或是应执委会主席或四分之一成员国的要求，由总干事召集举行特别会议。

8.（a）执委会每一成员国有一票。

（b）执委会成员国的半数构成法定人数。

（c）弃权不视为投票。

（d）一名代表只能代表一国，也只能以该国名义投票。

9.非执委会成员国的本联盟成员国以观察员身份参加其会议。

10.执行委员会通过其议事规则。

第二十四条

1.（a）本联盟的行政任务由国际局执行，该局接替与保护工业产权国际公约设立的联盟局合并的本联盟局的工作。

（b）国际局负担本联盟各机构的秘书处工作。

（c）产权组织总干事是本联盟最高官员并代表本联盟。

2.国际局汇集并出版有关保护版权的资料，本联盟每一成员国应及时将有关保护版权的所有新法令及官方文本送交国际局。

3. 国际局出版一种月刊。

4. 国际局应本联盟成员国的请求，向它们提供有关保护版权问题的资料。

5. 国际局从事各项研究工作并提供有利于版权保护的服务。

6. 总干事及由他指派的任何工作人员均可出席大会、执委会、其他各种专家委员会或工作组的会议，但无表决权。总干事或他指派的一位工作人员行使这些机构的秘书职务。

7. （a）国际局根据大会指示并与执委会合作，筹备修订除第二十二条至第二十六条外的公约条款的会议。

（b）国际局可就筹备修订会议与政府间和非政府间的国际组织协商。

（c）总干事和他指定的人员可参加这些会议的工作，但无表决权。

8. 国际局执行交付给它的其他任务。

第二十五条

1. （a）本联盟设立一项预算。

（b）本联盟的预算包括本联盟本身的收入及支出，它向各联盟共同开支预算的缴款，以及按规定交给产权组织会议预算支配的款项。

（c）不专归本联盟的而同时又属于产权组织管理的另一个或其他几个联盟所有的开支，被认为是各联盟的共同开支。本联盟在共同开支中所占份额视这些开支与它的权益而定。

2. 在制定本联盟的预算时，须适当考虑与产权组织管理的其他联盟的预算相协调。

3. 本联盟预算由下列经费资助：

① 联盟成员国的会费；

② 因国际局提供与本联盟有关的服务而收的费用；

③ 销售与本联盟有关的国际局的出版物所得的款项及转让这些出

版物的版权所得的版税；

　　④ 捐款、遗赠及资助；

　　⑤ 租金、利息及其他杂项收入。

　　4.（a）为确定成员国在预算中应缴的会费，本联盟每个成员国分别归入一定等级并根据下列所定数量单位缴纳每年的会费：

第 1 级…………二十五个单位

第 2 级…………二十个单位

第 3 级…………十五个单位

第 4 级…………十个单位

第 5 级…………五个单位

第 6 级…………三个单位

第 7 级…………一个单位

　　（b）除以前已经指明者外，每个国家在交存其批准书或加入书时，须说明它希望被列入哪一级别。任何国家也可以改变级别。如果某一成员国选择了较低的等级，它应在大会下一届会议上对此声明，这一变动自该届会议后的那一日历年开始时生效。

　　（c）每个国家的年度会费金额在所有国家每年向本联盟预算交付的会费总数中所占比例，同它的单位数在全部交费国家的单位总数中所占比例相同。

　　（d）会费应于每年 1 月 1 日交付。

　　（e）逾期未交纳会费的国家，如拖欠总数相当于或超过前两整年内它应缴纳的会费数，则不得在本联盟一切机构中行使表决权。但如本联盟任何机构确信这种拖欠是由非常的及不可避免的情况造成的，则仍可允许该国继续行使其表权。

　　（f）如在新的会计年度开始前预算尚未通过，则可按照财务条例规定的制度，以前一年度的水平实行预算。

5. 因国际局提供与本联盟有关的服务应交费用的金额由总干事加以规定，并由他向大会和执委会就此提出报告。

6. （a）本联盟拥有一笔由每一会员国一次付款组成的周转基金。如基金不足，由大会决定增加。

（b）每个国家首次缴纳上述基金的金额或负担增加该基金的份额应与基金建立或决定增加基金的当年该国缴纳会费数成比例。

（c）付款的比例及条件由大会根据总干事的提议并征求产权组织协调委员会意见后决定。

7. （a）产权组织与该组织总部所在地国签订的关于总部的协定应规定，如周转基金不足，可由该国垫款。垫款数和提供垫款的条件由该国和产权组织每次以具体协定加以规定。该国在其承担垫款义务期间，在执委会中占有一当然席位。

（b）a项所指国家和产权组织均有权以书面通知废除提供垫款的义务。这种废除自通知提出那一年底起三年后生效。

8. 根据财务条例规定的条件，由本联盟一个或几个成员国进行，或由大会指派并经它们同意的外部审计员进行。

第二十六条

1. 所有大会成员国、执委会或总干事均可提出修改第二十二，二十三，二十四，二十五条及本条的建议。这些建议要在提交大会审查前至少6个月由总干事通知大会成员国。

2. 对第1款所指各条的修正案应由大会通过。通过需要投票数的四分之三；但对第二十二条及本款的任何修改需经投票数的五分之四通过。

3. 对第1款所提各条的任何修正案，至少要在总干事收到在修正案通过时为大会成员国的四分之三国家关于它们根据各自的宪法程序批准修正案的书面通知1个月后才能生效。以此种方式通过的对上述各条的修正案对修正案生效时为大会成员国的所有国家或在该日期之后成为大会成员国的国家具有约束力；但任何增加本联盟成员国财务义务的修正案只对已通知批准该修正案的国家有约束力。

第二十七条

1. 本公约可进行修订，以便使之得到改进，从而使本联盟体制臻于完备。

2. 为此目的，可相继在本联盟成员国内举行各该国代表的会议。

3. 在遵守第二十六条有关修改第二十二至二十六条的规定的情况下，所有对本公约文本的修订，包括附件的修订，均需投票数全体一致通过。

第二十八条

1. （a）凡签署本公约文本的任何本联盟成员国均可批准本公约文本，如尚未签署，则可加入本公约文本。批准书或加入书交总干事保存。

（b）本联盟任何成员国在其批准书或加入书中均可声明其批准或加入不适用于第一至第二十一条及附件；但如该国已根据附件第六条第1款作出声明，则它在上述文件中只能声明其批准或加入不适用于第一至第二十条。

（c）凡根据 b 项已声明其批准或加入对该项所提各条不发生效力的本联盟任何成员国可在其后任何时候声明将其批准或加入的效力扩大到这些规定。这一声明交总干事保存。

2. （a）第一至二十一条及附件在具备下述两条件 3 个月后生效：

① 至少有 5 个本联盟成员国批准或加入本公约文本而未按照第 1 款 b 项作过声明；

② 西班牙、美利坚合众国、法国和大不列颠及北爱尔兰联合王国已受到 1971 年 7 月 24 日在巴黎修订过的世界版权公约的约束。

（b）对于交存批准书或加入书但未按第 1 款 b 项作过声明的各国，a 项规定的生效不应早于上述生效后 3 个月。

（c）对于 b 项对之不适用的已批准或加入本公约文本的而又未按照第 1 款 b 项作过声明的本联盟任何成员国，第一至二十一条及附件在总干事通知交存该文件之日起 3 个月后生效，除非交存文件中注明更晚的日期。在后一情况下，第一至二十一条及附件则在注明的日期对该国生效。

（d）a 和 c 项的规定不意味着附件第六条的适用。

3. 对不管是否按照第 1 款 b 项作过声明而批准或加入本公约文本的任何本联盟成员国，第二十二至三十八条在总干事通知已交存批准书或加入书之日起 3 个月后生效，除非在交存文件中注明更晚的日期。在后一情况下，第二十二至三十八条则按注明的日期对该国生效。

第二十九条

1. 任何非本联盟成员国可加入本公约文本并因之成为本公约的当事国一方和本联盟成员国。加入书交总干事保存。

2. （a）除 b 项规定的情况外，对任何非本联盟成员国，本公约在总干事发生其加入书交存的通知之日起 3 个月后生效，除非交存文件注明更晚的日期。在后一情况下，本公约则在注明的日期对该国生效。

（b）如依 a 项规定的生效先于第二十八条第 2 款 a 项规定的第一至第二十一条和附件的生效，则在此间隔期间，上述国家将受被第一至第二十一条及附件所取代的本公约布鲁塞尔文本第一至二十条的约束。

第二十九条之二

不受本公约斯德哥尔摩文本第二十二至三十八条约束的任何国家，为能适用成立产权组织公约的第十四条第 2 款，其对该文本的批准或加入即意味着批准或加入斯德哥尔摩文本，但应受本文本第二十八条第 1 款 b 项的限制。

第三十条

1. 除本条第 2 款，第二十八条第 1 款 b 项. 第三十三条第 2 款以及附件允许的例外以外，批准或加入就当然意味着接受本公约的一切条款并享有本公约规定的一切利益。

2. （a）凡批准或加入本公约文本的本联盟任何成员国，除附件第五条第 2 款规定者外，可保持它原来作出的保留的效力，条件是在交存其批准书或加入书时对此作出声明。

（b）任何非本联盟成员国在加入本公约文本并在不违背附件第五条第 2 款的情况下，可以声明它准备以 1896 年在巴黎经过修订的本联盟 1886 年公约第五条的规定至少临时代替本公约文本有关翻译权的第八条，条件是这些规定指的仅为译成该国通用语文的翻译。在不违背附件第一条第 6 款 b 项的情况下，对于使用这一保留条件的国家为其起源国的作品的翻译权，本联盟任何成员国有权实行与后一国提供的相等的保护。

（c）任何国家可随时通知总干事，收回这类保留。

第三十一条

1. 任何国家可在其批准书或加入书中声明，或在以后随时书面通知总干事，本公约适用于其对外关系由该国负责的全部领域或声明或通知中指明的若干部分领域。

2. 任何已作出此项声明或通知的国家可在任何时候通知总干事本公约不再适用于这些领域的全部或部分。

3. （a）按照第 1 款作出的任何声明同载有该声明的文件中的批准书或加入书同日生效，根据该款作出的通知在总干事发出通知 3 个月后生效。

（b)按照第 2 款作出的通知在总干事收到该通知十二个月后生效。

4. 本条不得解释为本联盟某一成员国对另一成员国根据按第 1 款作出的声明在某一领域适用本公约的任何领土的事实情势表示明示或默示的承认。

第三十二条

1. 本文本在本联盟各成员国之间的关系方面和在它适用的范围内代替 1886 年 9 月 9 日的伯尔尼公约及其以后的修订文本。在未批准或未加入本文本的本联盟成员国关系中，以前生效的各文本全部或在本文本依前句的规定未代替的限度内保持其适用性。

2. 成为本文本当事国的非本联盟成员国，在除第 3 款规定的条件下，对于不受本文本约束的或虽受其约束但已作过第二十八条第 1 款 b 项规定的声明的本联盟任何成员国，适用此条例。上述国家承认，在同它们的关系上，本联盟该成员国。

① 适用它受其约束的最新的本公约文本的规定，并且

② 在符合附件第一条第 6 款规定的情况下，有权使保护与本文本规定的水平相适应。

3. 在批准或加入本文本时作出附件所允许的某种保留的国家，在它与非本文本当事国的本联盟成员国的关系上，得适用附件中包含保留条款的规定，但以这些国家认可上述保留的适用为条件。

第三十三条

1. 两个或两个以上本联盟成员国在解释或适用本公约方面发生争议，经谈判不能解决时，如果有关国家不能就其他解决办法达成协议，则其中任何一方均可根据国际法院规约的规定通过起诉将争端提交国际法院。起诉国应将交法院审理的争议通知国际局；国际局应将此事告知本联盟其他成员国。

2. 任何国家在签署本文本或交存其批准书或加入书时，可声明它不受第 1 款规定的约束。在有关该国和本联盟其他任何成员国间的任何争端方面，第 1 款的规定不适用。

3. 任何作了符合第 2 款规定的声明的国家，可随时通知总干事撤回其声明。

第三十四条

1. 除第二十九条之二的情况外，任何国家在第一至二十一条及附件生效后，不得加入也不得批准本公约以前的各文本。

2. 在第一至二十一条及附件生效后，任何国家不得根据附在斯德哥尔摩文本后的有关发展中国家的议定书第五条发表声明。

第三十五条

1. 本公约无限期有效。

2. 任何国家可通知总干事退出此公约文本。这一退出也连带退出以前的所有文本，退出只对该国有效，而对本联盟其他成员国，本公约继续有效并继续执行。

3. 退出自总干事收到通知之日起算 1 年后生效。

4. 一国自成为本联盟成员国之日起算未满 5 年者，不得行使本条规定之退出权。

第三十六条

1. 本公约各参加国承担义务根据其宪法采取必要措施以保证本公约的执行。

2. 不言而喻，一国在交存其批准书或加入书时，应能按照其本国法律执行本公约的规定。

第三十七条

1. （a）本文本在不违背第 2 款指出的情况下，以英法两种文字签署一份，并交总干事保存。

（b）总干事在与有关政府协商后，制订阿拉伯文、西班牙文、意大利文、德文与葡萄牙文的正式文本以及大会指定的其他文本。

（c）在对不同文本的解释发生争议时，以法文本为准。

2. 本文本开放供签字到 1972 年 1 月 31 日为止，在此日期以前，第 1 款 a 项提到的文本交存法兰西共和国政府。

3. 总干事应将经过签字并经核实的本文本的两份副本转送本联

盟各成员国政府，并可根据请求，转送任何其他国家的政府。

4. 总干事并将本文本向联合国秘书处登记。

5. 总干事将下列情况通知本联盟所有成员国政府：签字情况，批准书或加入书的交存，包括在这些文件中的或依据第二十八条第 1 款 c 项，第三十条第 2 款 a、b 项和第三十三条第 2 款而作出的声明的交存，本文本任何规定生效的情况，退出的通知和根据第三十条第 2 款 c 项、第三十一条第 1 和 2 款、第三十三条第 3 款和第三十八条第 1 款的通知以及附件中规定的通知。

第三十八条

1. 凡未批准或未加入本文本以及不受斯德哥尔摩文本第二十二至二十六条约束的本联盟成员国，如它们愿意，均可在 1975 年 4 月 26 日前，行使上述各条规定的权利，有如受它们约束一样。任何希望行使上述权利之国家应为此目的向总干事交存一份书面通知，该通知自其签署之日起生效。直到上述期限届满为止，这些国家应视为大会成员国。

2. 在本联盟成员国尚未全部成为产权组织成员国之前，产权组织国际局同时作为本联盟局进行工作，总干事即该局局长。

3. 在本联盟所有成员国已成为产权组织成员国时，本联盟局的权利、义务和财产即归属产权组织国际局。

附件：

第一条

1. 根据联合国大会的惯例被视为发展中国家的任何缔约国，凡已批准或加入由本附件作为其组成部分的本公约文本，但由于其经济情况及社会或文化需要而又不能在当前采取恰当安排以确保对本文本规定的全部权利进行保护的，可在其交存批准或加入书的同时，或依据附件第五条第一款 c 项规定，在以后任何日期，在向总干事提交的通知中声明，将利用附件第二条或第三条所规定的权利，或这两条所规定的权利。它可以按照附件第五条第一款 a 项规定作出声明，以代替援用附件第二条所规定的权利。

2.（a）按照第一款规定并在第一到二十一条及本附件依第二十八条第二款规定生效之日起算十年期满以前作出的任何此类声明，直到这一期限届满前均属有效。

有关国家在该十年期限届满十五个月至三个月时间内得向总干事提交通知将此种声明全部或部分地每次续展十年。

（b）按照第一款规定并在第一至二十一条及本附件依第二十八条第二款规定生效之日起算十年期满以后作出的任何声明，直到现行十年期满前均属有效。该种声明得按照 a 项第二句的规定予以延期。

3. 任何不再被视为第一款所指的发展中国家的本联盟成员国，无权继续第二款所规定的声明，也不管它收回其声明与否，该类国家在现行十年期满时，或在停止被视为发展中国家三年后（以后到期的期限为准），不能再援用第一款所指的权利。

4. 根据第一款或第二款规定作出的声明有效期满时，依本附件规定已许可印制的并尚有存货的作品，可以继续发行至售完为止。

5. 受本文本规定约束并根据第三十一条第一款就使该文本适用其情况可能类似本条第一款所指国家情况的特殊领域作出声明或通知的任何国家，可就此领域作出第一款所指的声明或第二款所指的延期通知。只要这种声明或通知有效，本附件的规定就适用于它所指的领土。

6.（a）一国援用第一款所指的权利这一事实，不应使另一国给予起源国为前一国家的作品低于根据第一至二十条所应给予的保护。

（b）第三十条第二款 b 项第二句规定的对等权利，在根据附件第一条第三款实施的期限满期前，不得用于其起源国为根据附件第五条第一款 a 项而作出声明的国家的作品。

第二条

1. 任何声明援用本条规定的权利的国家，就有关以印刷形式或其他任何类似的复制形式出版的作品而言，均有权以主管当局根据附件第四条在下款所述情况下发给的非专有和不可转让的许可证的制度来代替第八条规定的专有翻译权。

2. （a）除第三款的情况下，当一部作品自其初次出版起算三年或有关国家本国法规定的更长期限届满尚未以该国通行文字由翻译权所有者或在其授权下出版译本时，该国任何国民都有权得到用该国通行文字翻译该作品并以印刷形式或其他何类似的复制形式出版该译文的许可证。

（b）如果以有关文字出版的译文的所有版本均已售完，也可根据本条发给许可证。

3. （a）如果译文不是本联盟一个或数个发达国家中通用的文字，则用一年期限来代替第二款 a 项规定的三年期限。

（b）在通行同一种文字的发达的本联盟成员国的一致协议下，如果要译成这种文字，第一款所提到的任何国家均得以该协议规定的更短期限来代替第二款 a 项规定的三年期限，但不得少于一年。尽管如此，如涉及的文字为英文、西班牙文或法文，上一句的规定即不适用。所有这方面的协议应由签订国政府通知总干事。

4. （a）本条规定的许可证，如果经过三年才能取得的，则需再过六个月才能发给；如果经一年才能取得的，则需再过九个月才能发给，并且，上述六个月或九个月期限：

① 自申请人履行附件第四条第一款规定的手续之日起算。

② 如翻译权所有者的身份或住址不详，则自申请人根据附件第四条第二款的规定向发给许可证的主管部门提交的申请书副本寄出之日起算；

（b）如果在 6 个月或 9 个月的期限内，由翻译权所有者或经其授权用申请使用的文字将译本出版，则不得根据本条发给任何许可证。

5. 本条所指的任何许可证之发给只限于教学、学习或研究之用。

6. 如果翻译权所有者或经其授权出版的一部译本的价格同在有关国家内同类著作通行的价格类似，这本译作的文字和基本内容又同根据许可证批准出版的译文的文字和内容一样，则应撤销缔约国根据本条发给的许可证。在撤销许可证前业已出版的份数可一直发行到售完为止。

7. 对主要是图画组成的作品，其文字翻译与图画复制出版的许可证只有在附件第三条规定的条件得到履行的情况下才能发给。

8. 在作者停止其作品全部份数的发行时，则不得根据本条发给任何许可证。

9. （a）对翻译一部已以印刷形式或其他任何类似的复制形式出版的作品发给的许可证，也可根据广播机构向第一款所指国家主管当局提出的要求，发给总部设置在该国内的广播机构，但必须符合全部下列条件：

① 译文的根据必须是依该国法律制作和获得的样本；

② 译文只能用于教学广播或向特定专业的专家传播专门技术或科学研究成果的广播；

③ 专门为 ② 小项所指目的的译文，需用于合法的和对该国领土上的收听者的广播中，其中包括合法的和专为此项广播而录制的录音和录象；

④ 所有对译文的使用均无任何营利性质。

（b）对广播机构根据依本款发给的许可证而制作的译文的录音或录象，在 a 项规定的目的和条件下，并按与上述广播机构所订合同，也可以为发给该许可证的当局所在国家的其他广播机构所使用。

（c）只要 a 项列举的所有准则和条件得到遵守，也可以向广播机构颁发翻译专为学校和大学使用而制作与出版的视听教材中所有课文的许可证。

（d）在不违背 a 到 c 项的情况下，本条前几款的规定也适用于根据本款发给的任何许可证和对许可证的使用。

第三条

1. 任何声明援用本条规定的权利的国家，均有权以主管当局在下述条件下并根据附件第四条发给的非专有和不可转让的许可证制度来代替第九条规定的专有复制权。

2. （a）对于根据第七款而对之适用本条的作品，当

① 第三款规定的自这一作品特定版首次出版时起算的期限满期后，或

② 由第一款所指的国家本国法律规定的并自同一日期起算的更长的期限满期后，若该版的印制件尚未以与同类著作在该国通行的价格相似的价格由复制权所有者或在他授权下在该国出售，从而，未能满足广大公众或学校及系统教学之需要，则该国任何国民均可取得以同等价格或更低价格复制和出版该版本的许可证，以满足系统教学之需要。

（b）根据本条规定之条件，也可对复制及出版符合 a 项规定发行的版本发给许可证，如果在适用期限满期后，该版本被批准的印制件在有关国家已脱销六个月，而无法以与该国同类著作通行价格相似的价格满足广大公众供系统教学的需要。

3. 第二款 a 项 ① 小项所指的期限为五年。但

① 对有关数学和自然科学以及技术的作品，则为三年；

② 小说、诗歌、戏剧和音乐作品以及美术书籍，则为七年。

4. （a）在三年期满后取得许可证的情况下，须再经过六个月期限满期后才能根据本条发给许可证，

① 自申请人履行附件第四条第一款规定的手续之日起算；

② 如复制权所有者的身份或住址不详，则自申请人按附件第四条第二款的规定将许可证申请书副本寄给主管当局之日起算。

（b）在其他情况下如适用附件第四条第二款时，许可证不得在

寄出申请书副本后三个月期满以前发给。

（c）如在 a 项和 b 项规定的六个月或三个月期间，已实现第二款 a 项提到的销售则不得根据本条发给任何许可证。

（d）在作者已停止发行为进行复制及出版而申请许可证的作品时，不得发给许可证。

5. 为复制和出版一本作品的译本的许可证，在下述情况下不得根据本条发给：

① 所涉及的译本并非由翻译权所有者或在其授权下出版的；

② 译本所用的不是向之申请许可证的国家通行的文字的。

6. 如某一作品的版本的印制件以同该国同类著作的通行价格相似的价格，为满足广大公众或系统教学需要而在第一款所指的国内由复制权所有者或经其授权出售，而该版本的文字和基本内容又同根据许可证批准出版的版本的文字和内容相同，则应撤销根据本条发给的任何许可证。在撤销许可证前业已发行的所有份数可一直发行到售完止。

7. （a）除 b 项规定的情况外，本条适用的作品只能是以印刷的形式或任何其他类似的复制形式出版的作品。

（b）本条同样适用于对包括被保护作品的合法制作的录像或录音的复制以及对附在其上的用向之申请许可证国通行文字印行的译文的复制，条件是所涉及的录像或录音的制作和出版需以系统教学活动为唯一目的。

第四条

1. 附件第二条或第三条所指的任何许可证的发给，须经申请人按照有关国家现行规定，证明他根据不同情况已向权利所有者提出翻译和出版译本，或复制和出版该版本的要求，而又未能得到授权，或经过相当努力仍未能找到权利所有者，在向权利所有者提出这一要求的同时，申请人还必须将这一申请通知第二款提到的任何国内或国际情况中心。

2. 如申请人无法找到权利所有者，即应通过挂号航邮将向发给许可证的主管当局提交的申请书的副本，寄给该作品上列有名称的出版者和据信为出版者主要业务中心所在国的政府为此目的向总干事递交的通知中所指定的任何国内或国际情报中心。

3. 在根据附件第二条和第三条发给的许可证出版的译本或复制本的所有复制品上都应列出作者姓名。在所有复制品上应有作品名称。如系译本，原作名称在任何情况下应列于所有复制品上。

4. （a）任何根据附件第二条或第三条发给的许可证不得扩大到复制品的出口，许可证只适用于在申请许可证的该国领土内根据情况出版译本或复制品。

（b）为适用 a 项规定，凡从任何领土向根据第一条第五款规定代表该领土作过声明的国家运寄复制品应视为出口。

（c）当根据附件第二条就译成英文、西班牙文或法文以外语文的译本发给许可证的一国政府机构或任何其他公共机构将根据该许可证出版的译本的复制品运寄到另一国时，为了 a 项的目的，这一寄送不作为出口看待，但需符合以下所有条件：

（1）收件人需为发给许可证的主管当局所属国的国民个人或由这些国民组成的组织；

（2）复制品只供教学、学习或研究使用；

（3）复制品寄给收件人及其进一步分发均无任何营利性质；

而且

（4）复制品寄往的国家与其主管当局发给许可证的国家订有协议，批准这种复制品的接收或分发或两者同时批准，后一国家政府已将该协议通知总干事。

5. 所有根据附件第二条或第三条发给许可证出版的复制品均需载有有关语文的通知，说明该复制品只能在该许可证适用的国家或领土内发行。

6. （a）在国家范围内做出适当的规定，以保证

（1）许可证之发给应根据不同情况给翻译权或复制权所有者一笔合理的报酬，此种报酬应符合有关两国个人之间自由谈判的许可证通常支付版税的标准；而且

（2）保证这笔报酬的支付和转递；如果存在着国家对外汇的管制，则主管当局应 通过国际机构，尽一切努力保证使这笔报酬以国际上可兑换的货币或其等值货币转递。

（b）应通过国家法律采取适当措施，以保证在不同情况下作品的正常翻译或精确复制。

第五条

1. （a）任何有权声明援用附件第二条规定的权利的国家，在批准或加入此公约文本时可不作这一声明，而代之以下述声明：

（1）如果它是第三十条第二款 a 项适用的国家，则代之以按照该条款有关翻译权的规定作一声明；

（2）如果它是第三十条第二款 a 项所不适用的国家，即使是本同盟成员国,则代之以按照第三十条第二款 b 项第一句的规定作一声明。

（b）在一国已不再被认为是附件第一条第一款所指的发展中国家的情况下，根据本款所作的声明继续有效。直接按照附件第一条第三款规定的适用期限期满之日为止。

（c）所有按照本款作出声明的国家以后不得使用附件第二条规定的权利，即使撤回该声明后也不得援用。

2. 除第三款的情况外，所有已援用附件第二条规定的权利的国家以后均不得根据第一款作出声明。

3. 不再被视为附件第一条第一款所指的发展中国家的任何国家，最迟可以在附件第一条第三款的适用期限期满前两年，可以按照第三十条第二款 b 项第一句作出声明，即使它已是同盟成员国。这一声

明将在根据附件第一条第三款的适用期限期满之日生效。

第六条

1. 本同盟任何成员国，自此公约文本日期起和在受到第一至二十一条及本附件的约束以前的任何时候都可以作以下声明：

（1）对于一旦受第一至二十一条和本附件约束，即有权援用附件第一条第 1 款提到的权利的国家，它将对其起源国为如下国家的作品适用附件第二条或第三条或同时适用两条的规定，这一国家在适用以下第二目时，同意将上述两条适用于这类作品，或者这一国家受第一至二十一条及本附件的约束；这一声明可以提到附件第五条而不是第二条；

（2）它同意根据以上第一目作过声明或根据附件第一条发出过通知的国家对它作为起源国的作品适用本附件。

2. 所有按第一款作出的声明均以书面形式作出并交存总干事。声明自交存之日起生效。

附录 9:

世界知识产权组织版权条约

（本条约于 1996 年 12 月 20 日由关于版权和邻接权若干问题外交会议在日内瓦通过）

序言

缔约各方，出于以尽可能有效和一致的方式发展和维护保护作者对其文学和艺术作品之权利的愿望。承认有必要采用新的国际规则并澄清对某些现有规则的解释，以提供解决由经济、社会、文化和技术发展新形势所提出的问题的适当办法。承认信息与通信技术的发展和交汇对文学和艺术作品的创作与使用的深刻影响，强调版权保护作为文学和艺术创作促进因素的重要意义。承认有必要按《伯尔尼公约》所反映的保持作者的权利与广大公众的利益尤其是教育、研究和获得信息的利益之间的平衡。

达成协议如下：

第一条　与《伯尔尼公约》的关系

（1）对于属《保护文学和艺术作品伯尔尼公约》所建联盟之成员国的缔约方而言，本条约系该公约第 20 条意义下的专门协定。本条约不得与除《伯尔尼公约》以外的条约有任何关联，亦不得损害依任何其他条约的任何权利和义务。

（2）本条约的任何内容均不得减损缔约方相互之间依照《保护文学和艺术作品伯尔尼公约》已承担的现有义务。

（3）"《伯尔尼公约》"以下系指《保护文学和艺术作品伯尔尼公约》1971 年 7 月 24 日的巴黎文本。

（4）缔约各方应遵守《伯尔尼公约》第一至第二十一条和附件的规定 ①（① 关于第一条第（4）款的议定声明：《伯尔尼公约》第九条所规定的复制权及其所允许的例外，完全适用于数字环境，尤其是以数字形式使用作品的情况。不言而喻，在电子媒体中以数字形式存储受保护的作品，构成《伯尔尼公约》第九条意义下的复制。）

第二条　版权保护的范围

版权保护延及表达，而不延及思想、过程、操作方法或数学概念本身。

第三条　对《伯尔尼公约》第二至第六条的适用

缔约各方对于本条约所规定的保护应比照适用《伯尔尼公约》第二至第六条的规定。②（② 关于第三条的议定声明：不言而喻，在适用本条约第三条时，《伯尔尼公约》第二至第六条中的"本联盟成员国"，在把《伯尔尼公约》的这些条款适用于本条约所规定的保护中，将被视为如同系指本条约的缔约方，另外，不言而喻，《伯尔尼公约》这些条款中的"非本联盟成员国"，在同样的情况下，应被视为如同系指非本条约缔约方的国家，《伯尔尼公约》第二条第（8）款、第二条之二第（2）款、第三、四和五条中的"本公约"，将被视为如同系指《伯尔尼公约》和本条约。最后，不言而喻，《伯尔尼公约》第三至第六条中所指的"本联盟成员国之一的国民"，在把这些条款适用于本条约时，对于系本条约缔约方的政府间组织，指系该组织成员的国家之一的国民。）

第四条　计算机程序

计算机程序作为《伯尔尼公约》第二条意义下的文学作品受到保护，此种保护适用于各计算机程序，而无论其表达方式或表达形式如何。③（③ 关于第四条的议定声明：按第二条的解释，依本条约第四条规定的计算机程序保护的范围，与《伯尔尼公约》第二条的规定一致，并与 TRIPS 协定的有关规定相同。）

第五条　数据汇编（数据库）

数据或其他资料的汇编，无论采用任何形式，只要由于其内容的选择或排列构成智力创作，其本身即受到保护。这种保护不延及数据或资料本身，亦不损害汇编中的数据或资料已存在的任何版权。④（④关于第五条的议定声明：按第二条的解释，依本条约第五条规定的数据汇编（数据库）保护的范围，与《伯尔尼公约》第二条的规定一致，并与 TRIPS 协定的有关规定相同。）

第六条　发行权

（1）文学和艺术作品的作者应享有授权通过销售或其他所有权转让形式向公众提供其作品原件和复制品的专有权。

（2）对于在作品的原件或复制品经作者授权被首次销售或其他所有权转让之后适用本条第（1）款中权利的用尽所依据的条件（如有此种条件），本条约的任何内容均不得影响缔约各方确定该条件的自由。⑤

第七条　出租权

（1）（ⅰ）计算机程序（ⅱ）电影作品和（ⅲ）按缔约各方国内法的规定，以录音制品体现的作品的作者，应享有授权将其作品的原件或复制品向公众进行商业性出租的专有权。

（2）本条第（1）款不得适用于：

（ⅰ）程序本身并非出租主要对象的计算机程序；和（ⅱ）电影作品，除非此种商业性出租已导致对此种作品的广泛复制，从而严重地损害了复制专有权。

（3）尽管有本条第（1）款的规定，任何缔约方如在 1994 年 4 月 15 日已有且现仍实行作者出租其以录音制品体现的作品的复制品

获得公平报酬的制度，只要以录音制品体现的作品的商业性出租没有引起对作者复制专有权的严重损害，即可保留这一制度。⑥ ⑦

（⑤ ⑥ 关于第六和第七条的议定声明：该两条中的用语"复制品"和"原件和复制品"，受该两条中发行权和出租权的约束，专指可作为有形物品投放流通的固定的复制品。）

（⑦ 关于第七条的议定声明：不言而喻，第七条第（1）款规定的义务不要求缔约方对依照该缔约方法律未授予其对录音制品权利的作者规定商业性出租的专有权。这一义务应被理解为与 TRIPS 协定第十四条第（4）款相一致。）

第八条　向公众传播的权利

在不损害《伯尔尼公约》第十一条第（1）款第（ii）目、第十一条之二第（1）款第（i）和（ii）目、第十一条之三第（1）款第（ii）目、第十四条第（1）款第（ii）目和第十四条之二第（1）款的规定的情况下，文学和艺术作品的作者应享有专有权，以授权将其作品以有线或无线方式向公众传播，包括将其作品向公众提供，使公众中的成员在其个人选定的地点和时间可获得这些作品。⑧（⑧ 关于第七条的议定声明：不言而喻，仅仅为促成或进行传播提供实物设施不致构成本条约或《伯尔尼公约》意义下的传播。并且，第八条中的任何内容均不得理解为阻止缔约方适用第十一条之二第（2）款。）

第九条　摄影作品的保护期限

对于摄影作品，缔约各方不得适用《伯尔尼公约》第七条第（4）款的规定。

第十条　限制与例外

（1）缔约各方在某些不与作品的正常利用相抵触、也不无理地损害作者合法利益的特殊情况下，可在其国内立法中对依本条约授予文学和艺术作品作者的权利规定限制或例外。

（2）缔约各方在适用《伯尔尼公约》时，应将对该公约所规定权利的任何限制或例外限于某些不与作品的正常利用相抵触、也不无理地损害作者合法利益的特殊情况。⑨（⑨ 关于第十条的议定声明：不言而喻，第十条的规定允许缔约各方将其国内法中依《伯尔尼公约》被认为可接受的限制与例外继续适用并适当地延伸到数字环境中。同样，这些规定应被理解为 允许缔约方制定对数字网络环境适宜的新的例外与限制。

另外，不言而喻，第十条第（2）款既不缩小也不扩大由《伯尔尼公约》所允许的限制与例外的可适用性范围。）

第十一条　关于技术措施的义务

缔约各方应规定适当的法律保护和有效的法律补救办法，制止规避由作者为行使本条约所规定的权利而使用的、对就其作品进行未经该有关作者许可或未由法律准许的行为加以约束的有效技术措施。

第十二条　关于权利管理信息的义务

（1）缔约各方应规定适当和有效的法律补救办法，制止任何人明知、或就民事补救而言有合理根据知道其行为会诱使、促成、便利或包庇对本条约或《伯尔尼公约》所涵盖的任何权利的侵犯而故意从事以下行为：

（ⅰ）未经许可去除或改变任何权利管理的电子信息；

（ⅱ）未经许可发行、为发行目的进口、广播、或向公众传播明知已被未经许可去除或改变权 利管理电子信息的作品或作品的复制品。

（2）本条中的用语"权利管理信息"系指识别作品、作品的作者、对作品拥有任何权利的所有人的信息，或有关作品使用的条款和条件的信息，和代表此种信息的任何数字或代码，各该项信息均附于作品的每件复制品上或在作品向公众进行传播时出现。⑩（⑩ 关于第十二条的议定声明：不言而喻，"对本条约或《伯尔尼公约》所涵盖的任何权利的侵犯"的提法既包括专有权，也包括获得报酬的权利。

此外，不言而喻，缔约各方不会依赖本条来制定或实施要求履行为《伯尔尼公约》或本条约所不允许的手续的权利管理制度，从而阻止商品的自由流通或妨碍享有依本条约规定的权利。）

第十三条　适用的时限

缔约各方应将《伯尔尼公约》第十八条的规定适用于本条约所规定的一切保护。

第十四条　关于权利行使的条款

（1）缔约各方承诺根据其法律制度采取必要的措施，以确保本条约的适用。

（2）缔约各方应确保依照其法律可以提供执法程序，以便能采取制止对本条约所涵盖权利的任何侵犯行为的有效行动，包括防止侵权的快速补救和为遏制进一步侵权的补救。

第十五条　大会

（1）（a）缔约方应设大会。

（b）每一缔约方应有一名代表，该代表可由副代表、顾问和专家协助。

（c）各代表团的费用应由指派它的缔约方负担。大会可要求世界知识产权组织（以下称为"本组织"）提供财政援助，以便利按照联合国大会既定惯例认为是发展中国家或向市场经济转轨的国家的缔约方代表团参加。

（2）（a）大会应处理涉及维护和发展本条约及适用和实施本条约的事项。

（b）大会应履行依第十七条第（2）款向其指定的关于接纳某些

政府间组织成为本条约缔约方的职能。

（c）大会应对召开任何修订本条约的外交会议作出决定，并给予本组织总干事筹备此种外交会议的必要指示。

（3）（a）凡属国家的每一缔约方应有一票，并应只能以其自己的名义表决。

（b）凡属政府间组织的缔约方可代替其成员国参加表决，其票数与其属本条约缔约方的成员国数目相等。如果此种政府间组织的任何一个成员国行使其表决权，则该组织不得参加表决，反之亦然。

（4）大会应每两年召开一次例会，由本组织总干事召集。

（5）大会应制定其本身的议事规则，其中包括特别会议的召集、法定人数的要求及在不违反本条约规定的前提下作出各种决定所需的多数。

第十六条　国际局

本组织的国际局应履行与本条约有关的行政工作。

第十七条　成为本条约缔约方的资格

（1）本组织的任何成员国均可成为本条约的缔约方。

（2）如果任何政府间组织声明其对于本条约涵盖的事项具有权限和具有约束其所有成员国的立法，并声明其根据其内部程序被正式授权要求成为本条约的缔约方，大会可决定接纳该政府间组织成为本条约的缔约方。

（3）欧洲共同体在通过本条约的外交会议上做出上款提及的声明后，可成为本条约的缔约方。

第十八条　本条约规定的权利和义务

除本条约有任何相反的具体规定以外，每一缔约方均应享有本条约规定的一切权利并承担本条约规定的一切义务。

第十九条　本条约的签署

本条约应在 1997 年 12 月 31 日以前开放供本组织的任何成员国和欧洲共同体签署。

第二十条　本条约的生效

本条约应于 30 个国家向本组织总干事交存批准书或加入书三个月之后生效。

第二十一条　成为本条约缔约方的生效日期

本条约应自下列日期起具有约束力：

（i）对第二十条提到的 30 个国家，自本条约生效之日起；

（ii）对其他各国，自该国向本组织总干事交存文书之日满三个月起；

（iii）对欧洲共同体，如果其在本条约根据第二十条生效后交存批准书或加入书，则自交存此种文书后满三个月起；或如果其在本条约生效前交存批准书或加入书，则自本条约生效后满 三个月起；

（iv）对被接纳成为本条约缔约方的任何其他政府间组织，自该组织交存加入书后满三个月起 。

第二十二条　本条约不得有保留

本条约不允许有任何保留。

第二十三条　退约

本条约的任何缔约方均可退出本条约，退约应通知本组织总干事。任何退约应于本组织总干事收到通知之日起一年后生效。

第二十四条　本条约的语文

（1）本条约的签字原件应为一份，以英文、阿拉伯文、中文、法文、俄文和西班牙文签署，各该文种的文本具有同等效力。

（2）除本条第（1）款提到的语文外，任何其他语文的正式文本须由总干事应有关当事方请求，在与所有有关当事方磋商之后制定。在本款中，"有关当事方"系指涉及到其正式语文或正式语文之一的本组织任何成员国，并且如果涉及到其正式语文之一，亦指欧洲共同体和可成为本条约缔约方的任何其他政府间组织。

第二十五条　保存人

本组织总干事为本条约的保存人。

致　谢

本书在编写过程中得到了中国摄影家协会、北京市高级人民法院知识产权庭、中国摄影著作权协会的大力支持，中国摄影出版社的编辑为本书的出版也做了大量的工作。

在此，还要特别向为本书提供摄影作品的摄影家们表示由衷的感谢，他们用自己优秀的摄影作品不断鼓舞、激励着人们。在大力倡导发展文化创意产业的今天，他们又用自己的维权实践为中国摄影版权保护事业的开拓无私奉献，用他们的身体力行向社会传递着正能量。

向他们表示诚挚的敬意！

本书编委：李仁臣 王郑生 李玉光 宋举浦 解海龙

撰稿人名单：

案例 1：谢甄珂

案例 2：周 波

案例 3：陈 曦

案例 4：李自柱

案例 5：张雪松

案例 6：苏志甫

案例 7：苏志甫

案例 8：周 多

案例 9：苏志甫

案例 10：李自柱

案例 11：樊静馨

案例 12：谢甄珂

案例 13：谢甄珂

案例 14：谢甄珂

案例 15：李自柱

案例 16：何 暄

案例 17：侯建江

案例 18：何 暄

案例 19：樊静馨

案例 20：李东涛

案例 21：郭 伟

案例 22：逯 遥

案例 23：李自柱

案例 24：曹丽萍

案例 25：侯建江

案例 26：侯建江

案例 27：侯建江

案例 28：曲凌刚

案例 29：沈 冲

案例 30：李自柱

图书在版编目（ＣＩＰ）数据

照片的权利：摄影作品侵权经典案例解析 / 张雪松，
侯建江编著． -- 北京：中国摄影出版社，2013.4
  ISBN 978-7-80236-896-5

  Ⅰ．①照… Ⅱ．①张… ②侯… Ⅲ．①摄影作品－著
作权－案例－中国 Ⅳ．①D923.415

中国版本图书馆CIP数据核字(2013)第062266号

照片的权利：摄影作品侵权经典案例解析
编   著：张雪松   侯建江
选题策划：赵迎新
责任编辑：常爱平   杨小华
执行编辑：杨小华
封面设计：衣   钊
版式设计：刘   铮
封面摄影：解海龙
封底摄影：解海龙   欧阳星凯   薛华克
出   版：中国摄影出版社
        地址：北京市东城区东四十二条48号 邮编：100007
        发行部：010-65136125 65280977
        网址：www.cpphbook.com
        邮箱：office@cpphbook.com
印   刷：北京科信印刷有限公司
开   本：32开
印   张：9
字   数：180千字
版   次：2013年8月第1版
印   次：2013年8月第1次印刷
ＩＳＢＮ 978-7-80236-896-5
定   价：48.00元